J.H. Oldham

Ein Mensch wagt zu lieben

*Liebe ist ein
unergründliches Sich-selbst-Vergessen.*

Florence Allshorn

J. H. Oldham

Ein Mensch wagt zu lieben

Florence Allshorn
Ein Leben im Dienst Christi

Deutsch von Johanna Lorch

BRUNNEN

VERLAG GIESSEN · BASEL

15. Auflage 2002
Brunnen Verlag Gießen
Lizenzausgabe mit freundlicher Genehmigung
des MBK-Verlags Bad Salzuflen
Umschlagmotiv: PhotoDisc, Hamburg
Umschlaggestaltung: Ralf Simon
Satz: DTP Brunnen
Herstellung: Ebner Ulm
ISBN 3-7655-3954-6

Inhalt

Wenn aber der Wind weht

Mit großen, wachen Augen schaute Florence in den grauen Tag vor ihrem Fenster. Der Nebel hatte London eingesponnen in sein dichtes Netz. Er schien durch alle Ritzen zu dringen. Sie kannte das.

Bilder stiegen auf und sanken wieder zurück ins graue Gewoge: die Särge von Vater und Mutter, kurz nacheinander. Verschwommen war das Bild. Sie war damals erst ein kleines dreijähriges Mädchen gewesen; als schweres Erbe des lungenkranken Vaters, eines Heilpraktikers, war ihr die zarte Gesundheit verblieben. –

Etliche Jahre später: eine Geburtstagsfeier mit den lebhaften Vettern und Kusinen. Ein kleines Erleben, und war doch schmerzhaft eingegraben in ihr Gemüt. Sie hatte sich so gefreut mit der ihr eigenen Fähigkeit zum Frohsein. Aber plötzlich war ihr klar geworden, die kleinen Verwandten hatten eine Heimat – das sah man an allem, bis hin zu der gut sitzenden Kleidung. Sie aber war geschmacklos angezogen und stand mit ihrem lebhaften Sinn für alles Schöne Qualen aus, so oft sie mit den kleinen Verwandten zusammen war.

Eintönig und grau war auch das Heute. Sie hasste ihr Zuhause, das sie in enge Fesseln schlug. Glücklich war sie nur, wenn sie ihm entrinnen konnte – der Tante, der tristen Langeweile, der lieblosen Pflicht.

Sollten diese Dunkelheiten alles Schöne ersticken? Nein, tausendmal nein. In dieser Stunde sagte Florence der lähmenden Resignation den Kampf an. Mächtig spürte sie das Leben in ihrem Blute kreisen, und ihr starker Lebenswille sollte sie davor bewahren, ihrer Umgebung, sei sie noch so grau, zu erliegen.

Ein frischer, klarer Frühlingswind war aufgegangen, während sie so sann. Übermütig zerstieß er den Nebel in tausend Fetzen. Ein lachender Sonnenstrahl fiel auf die Osterglocken im kümmerlichen Gartenland. Sie waren aufgeblüht. Voll dem Lichte zugewandt, verströmten sie verschwenderisch und unbekümmert ihren Duft aus goldenen Kelchen.

Das war es, in solcher Unbekümmertheit sich selbst verschenken. Noch ahnte Florence nicht, in welch hohem Maße dies bei ihr der Fall sein sollte. Sie schrieb einer Freundin:

»Lange träumte ich von einem Kleinod in meiner Seele, so kostbar, dass man nicht riskieren konnte, es in Berührung mit den gewöhnlichen, oft unschönen Dingen des Lebens zu bringen. Irgendein besonderes, mystisches Erleben erwartete ich. Daraus, so hoffte ich, würde sich etwas Wunderbares gestalten, wenn ich nur Sorge trüge, dass es nicht beschmutzt würde. Es war ein Traum, unwirklich und voll Selbstsucht. Heute weiß ich: Echtes Leben ist rein und befleckt, schön und häßlich, der Wunder voll und eintönig zugleich – über allem aber sei die Liebe. Stell dir nur vor, ich glaubte, es ganz nett weit gebracht zu haben und hielt es für Liebe, wenn man nett und freundlich mit den Menschen ist. Doch nie und nimmer ist das Liebe! Liebe ist ein unergründliches Sich-selbst-Vergessen. So strahlend, noch habe ich ihren Saum nicht berührt.«

Liebe durfte bei Florence schon in ihrer Jugend nie im Gefühl stecken bleiben. Es ging ihr immer darum, echt zu sein – um jeden Preis. Echt im Lieben, echt auch in den kleinen Dingen des Alltags. Wieder vertraute sie der Freundin dies Verlangen an: »Ich leide so darunter, dass ich die Menschen nicht recht lieben kann. Vielleicht wird Gott es mich lehren, wenn ich am Bitten bleibe. Es ist so viel in mir, das noch nicht frei geworden ist, das auf die lösende Berührung wartet. Wenn ich doch ganz wach

8

werden könnte! Weißt du noch, wie mir damals die Zähne gezogen wurden? Ich hatte ziemliche Schmerzen und entdeckte mich trotzdem plötzlich dabei, dass ich Gott dankte; denn es war echtes, wirkliches Erleben, das mich die Lektion der Schmerzen lehrte. Wahrhaftig, es war, als entdeckte ich in mir wenigstens ein Stücklein, das echt war. Zu solcher Echtheit möchte ich bei allem, was ich tue, durchstoßen. Dieser Weg muss wohl durch Schmerzen gehen, und ich hoffe, ich habe dann im entsprechenden Augenblick den Mut, den Preis der Echtheit zu zahlen. Noch wage ich es nicht.«

Kräfte drängten zum Licht. Florence erkannte die Gabe schöpferischen Gestaltens, die ihr in hohem Grade verliehen war. Sie studierte Kunst und Musik. Doch wieder verhüllte sich die klare Sicht. Durch ein Augenleiden, das Florence auch in späteren Jahren immer wieder zu schaffen machte, nahm ihr Leben eine andere Wendung, als sie geplant. Vier Jahre Hauswirtschaftsseminar statt Kunstakademie, Kochtöpfe statt Pinsel und Palette. Ein krummer Weg, und dahinter doch, ihr zwar verborgen, Gottes Führung. Florence sagte zu dieser Enttäuschung »Ja«, und so wurde ein Stück Lebensschule daraus, die ihr später von hohem Wert war. Hauswirtschaftslehre und Kochen, Wäsche, Handarbeit, Nähen und Psychologie waren die Fächer, die sie mit glänzenden Zeugnissen absolvierte. Beides zusammen – Kunst und Hauswirtschaft – hielt sie für nahezu ideal als Vorbereitung auf ein fruchtbares Leben. »Beides lehrte mich«, schrieb sie später, »die Kunst des Sehens und den Sinn für das echte Verhältnis der Dinge untereinander.« Sehen, das hieß für Florence, aufgeschlossenen Sinnes Welt und Menschen um sich her sehen.

Starken Sinnes durchlebte Florence die Werdejahre, in denen sie zugerüstet wurde. Ein fest umrissenes Ziel hatte die Zweiundzwanzigjährige noch nicht. Sie tat nur den nächsten Schritt. Der führte sie für ein oder zwei Jahre in das Büro eines Vetters. Eintönig? Nicht für Florence. Mit Interesse verfolgte sie auf dem Papier die Fahrten, die die Kohlenladungen von dem Ort aus durch ganz England machten. Und – sie konnte sehen. Sie sah scherzende junge Frauen, die täglich aus den Fabriken strömten. Unversorgt, oft ungeliebt, verwehte Blätter so viele. Freilich, die Kirche hatte versucht, ihnen ein Stücklein Liebe zu bringen. Aber diese Liebe hatte wohl nicht den Klang, der ihr Ohr erreichte, denn achtlos gingen die Frauen vorüber.

Florence, die einstige Kunstakademikerin, ging im Einvernehmen mit ihren Freunden, Bischof Jones und Frau, fröhlich ans Werk, sie sammelte um sich eine wachsende Gruppe junger Arbeiterinnen. Florence beeinflusste sie alle mit ihrer intensiven Liebe für alles, was irgendwie schön war, nicht nur für sinnenfällige Schönheit, sondern auch für Reinheit der Gedanken und Sinne.

Dienend und gebend wuchs sie hinein in die Gemeinde. Kindergottesdienst, Jungschar. Ihr Herz weitete sich über dem Geben; immer mehr Menschen fanden darin Raum, bis hin zu den Brüdern und Schwestern fremder Rassen. Sie half auch da an ihrem Teil mit zu sammeln, zu beten, zu geben.

Aber der Ruf von »drüben« tönte immer dringlicher an ihr Ohr. Sollte er ihr noch persönlicher gelten? Sie glaubte es. Entschlossen betrat sie den unbekannten Weg. 1920, im Alter von 32 Jahren, meldete sich Florence bei der Church Missionary Society und stellte sich zur Verfügung für den Dienst einer Missionarin in Übersee. In welchem Lande? Sie wusste es nicht. Sie zerquälte sich auch nicht. »Ich möchte dem Herrn Christus dienen, so gut es mir immer möglich ist«, gab sie als Begründung an. Ihr Herz war Jesus Christus lebendig zugewandt, darum konnte sie in der Wirrnis verschiedener Möglichkeiten auch in geringfügigen Begebenheiten seine Fußspuren erkennen. So kam es, dass sie etliche Wochen später anlässlich eines Gesprächs mit Bischof Willis von Uganda wusste: dies ist der Weg. Uganda war das Land, in das Gott sie rief.

Es sind aus jener Zeit noch Briefe vorhanden. Die folgenden Auszüge lassen uns etwas von der Einstellung zum Leben erkennen, die Florence damals hatte. Verheißungsvoll leuchtet schon etwas von dem auf, was in späteren Lebensjahren charakteristisch für sie war: das Ja zum Leben und das Ja zu Christus, dem lebendigen Herrn, in geschlossener Ganzheit.

»Ich denke, man empfindet den Rhythmus mächtigen Lebensgefühls an der See beglückender als überall sonst. Nur Reiten ist beinahe ebenso begeisternd. Ich wünsche mir beides und kann doch jetzt keines haben!

Wenn ich daran denke, wie Christus mein ganzes Sein ergriff, ist mein Herz erfüllt von Freude. Die vergangenen Wochen waren so beglückend, denn ich merkte so gewiss, wie mein Herr mich zu sich hinwandte. Er weiß, dass es nichts gibt, das ich mir nur halb so sehr wünsche.«

Und der fröhliche Rat, den sie einer Freundin gab, die Ferien hatte:

»Beschwere deinen Kopf nicht mit theologischen Problemen. Lies Bücher, die möglichst nur ein halbes Dutzend Zeilen je Seite haben, und das tu geruhsam. Es wird dich herrlich entspannen. Also denk nicht an dir herum, ich meine an deinem moralischen Selbst. Sei – recht verstanden – ein Heide, freu dich an Himmel und Sonne, und tu dich dem Duft und den Geheimnissen von Baum und Blüte auf. Das ist riesig gesund. Lass einmal das Rätseln um Gut und Böse. So wirst du, wenn du zurückkehrst, doppelt klar sehen und mit neuer Freude schaffen. Weißt du, eines vom Besten während der Ferien ist, nichts wünschen, nichts wollen, aber Gott loben für alles. Preise ihn allezeit – für die kleinen zarten Blätter und das satte, tiefe Grün der Bäume, für alle Güte, die dir begegnet in diesen Wochen. Lass deinen Urlaub nichts sein als ein nimmer endender Dank für alle kleinen, schönen Dinge und vergiss dein großes, kämpfendes Ich mit all seinen Verkehrtheiten. Dann aber komm zu uns zurück, klar, erneut und belebend, und lass uns auch einen Schein der Herrlichkeit Gottes sehen.

Ganz zu lieben, ganzherzig zu suchen und ganz glücklich zu sein – das ist vielleicht das Schwerste von allem. Wie starr wird unser Leben, wenn es allein von der Vernunft her geführt wird! Wird sie auch je einen Menschen veranlassen, sich in eine aussichtslose Schlacht zu begeben? Es war auch nicht die Vernunft, die Christus trieb, die Sünden der ganzen Welt auf sich zu nehmen und sein Leben für andere hinzugeben. Der Verstand lässt uns so furchtbar vernünftig handeln, aber unmittelbares Erkennen ist etwas vom Glanz Gottes in unserem Leben. Von seiner Glut ergriffen vermag man auch die Aufgaben zu übernehmen, deretwegen man uns Toren schilt. Inmitten solchen Tuns bricht die Freude Gottes gleich jubelndem Lobgesang in uns auf.

Eben jetzt sah ich wohl zum allerersten Mal, wie nötig die Welt das helle, klare Licht der Güte Christi braucht. Denn es zerbricht die Starrheit und macht weich und biegsam.«

Florence wusste aber auch von dem Kampf, den es kostet, wenn aus der Schau Leben werden soll: »Wie ist es nur möglich, dass ich zeitweise dahinschlendere, als wäre Gott nicht da? O ja, ich habe solche Zeiten, und sie sind meine Sünde. Wie ein Frost legen sie sich über das große Sehnen, das doch auch vorhanden ist. Das ist es, was einen mutlos macht – die eigene Oberflächlichkeit.

Ich fürchte, meine Sünde ist Ziellosigkeit. Es ist nur sehr schwer zu wissen, wo das Ziel liegt. Das Leben ist so drängend, und ich meine, es müsse wieder ganz neu anfangen. Ich werde wohl mein Leben lang immer wieder Altes einreißen und ein Neues suchen, und wahrscheinlich werde ich mir dabei immer wieder die Finger verbrennen! Aber Gott bewahre mich vor allem gemächlichen Trott im gewohnten Geleise.

Ich wünsche dir so viel Gutes, aber es sind nicht die Dinge, die uns leicht selbstverständlich zufallen, auch nicht Erfolg, ja nicht einmal das, was man ein befriedigendes Leben nennt. Wenn ich es nur recht sagen könnte! Ich glaube, ich wünsche dir, dass dir das Wissen erhalten bleibt, dass du dich keiner niedrigen Gesinnung ergeben kannst.

Möchtest du nicht alles daransetzen, um Ihm näher zu kommen? Ich hungere so nach echtem Leben, dass es schmerzt. Alle diese Jahre hindurch erklomm ich allein den steilen Pfad. Ist es da ein Wunder, dass ich nicht weit kam? Nun wanderst Du mit, und es ist gut so.

Es ist schrecklich, schwach zu sein, wenn Kraft nötig wäre, schrecklich, so wenig auszurichten, während die Welt nach Menschen schreit, die neue Wege zu führen vermögen. Ich hasse, hasse, hasse, in der Mittelmäßigkeit stecken zu bleiben und nicht mehr zu sein als nett, aber langweilig. Oh, diese Welt kann nicht das Letzte sein, sonst wäre nicht so viel Sehnsucht nach einem Sein in uns gelegt, das weit über das hinausgeht, was wir hier vermögen. Dies Leben, das den Todeskeim schon in sich birgt, wäre nicht zu ertragen, wüsste man nicht um den Tag, da wir in der Wahrheit leben werden.

Lass uns unermüdlich füreinander beten. Mut brauche ich, mehr als alles andere. Und doch – ich weiß es nicht, ich möchte Gott schauen – darin liegt alles andere. Dies lass dir für mich geben, deine Gebete bedeuten mir so viel. Ich glaube, dass aller Dienst – in der Zwecklosigkeit der Liebe getan – nicht untergehen kann. Er ist genau wie ein Kunstwerk. Sobald sich aber unser Ich einschleicht, beginnt die Unvollkommenheit, und es fehlt die Kraft, die es lebendig erhält. Rücksichtslos gegen dies alte Selbst anzugehen, heißt die Forderung, wenn wir in die Reihen der priesterlichen Schar eintreten möchten.

Die Idee des *lieben* Gottes ist einfach unmöglich. Er ist millionenfach größer als unsere erhabensten Vorstellungen über ihn. Er ist Herr, voll Glanz und Reinheit, unvorstellbar. Manchmal meine ich, der Schleier hebe sich ein klein wenig, dann ahne ich ihn als den, der vor mir hergeht in der Fülle der Liebe und eines großen Erbarmens. Ich höre seinen starken Ruf und kann nicht anders, als mich aufmachen, ihm nach.

Gut sein, nett und pflichttreu, nie, nie ist das genug. Ich möchte ihn, Christus, das Leben. Er muss mich anrühren, zu mir reden, mich zurechtweisen, ich aber möchte ihn lieben. Worte, Gedanken, Wissen sind gut und schön; aber dem Verschmachtenden helfen sie nichts. Gott weiß um den verzehrenden Durst meiner Seele. Ich brauche das Teilhaben an seiner Macht, um ihm zu dienen an seinen Geschöpfen, denn kann man andere weiter führen, als man selbst ist? Auch nicht vom geringsten Nutzen kann ich sein, es lebe denn Christus in mir. Vielleicht muss ich danach suchen mein Leben lang. Es ist nicht leicht, findest du nicht auch?«

Die Schule der Liebe

Uganda

Schwere Anker bohrten sich in den Grund. Gelb färbte sich das Wasser vom aufgewühlten Sand. Dann lag der große Ozeandampfer fest. In einer Menge lachender und aufgeregter Menschen ging auch Florence mit ihren Reisebegleitern und vertrauten Freunden, Bischof Gresford Jones und Frau, an Land. Noch im Jahre ihrer Meldung war sie ohne weitere Ausbildung ausgesandt worden!

Das also war Afrika, das Land glühender Sonne und gelben Sandes, glutvoller Hoffnung und heißer Tränen, das Land der tiefen, geheimnisvollen Urwälder. Im Osten dieses Landes lag Uganda, das Reiseziel der kleinen Gesellschaft. Es sollte für Florence Heimat werden, nein, nicht Heimat, sondern Ort ihres Einsatzes im Kampfe der Liebe um eine angst- und hasserfüllte Welt.

Schon etwa 30 Jahre vor der Jahrhundertwende hatte die Church Missionary Society dort die Arbeit aufgenommen. Hart war der Anfang gewesen. Sterbend hatte Bischof Hannington unter den Speeren der wilden Krieger Mtesas ausgerufen: »Sagt dem König, dass ich für Uganda sterbe, und dass ich eine Straße dorthin mit meinem Blute erkauft habe.«

Als Pionier hatte er den Weg gebahnt. Andere mussten folgen. 1875 schrieb H. M. Stanley von dort an den Daily Telegraph: »Es gibt in der gesamten heidnischen Welt kein verheißungsvolleres Gebiet für die Mission als Uganda.« Er bat um Menschen, und der Ruf wurde gehört; in der Heimat wurden Glaube und Liebe wach, und Gelder wurden frei für die große Aufgabe, das Evangelium nach Uganda zu bringen. Acht Missionsleute machten sich im Jahre 1877 im Auftrag der Church Missionary Society auf den Weg, aber nur zwei erreichten das Ziel. Die übrigen waren den Strapazen der Reise und des Klimas erlegen. Im Lauf von 40 Jahren bekannte sich dann beinahe ein Drittel der Bevölkerung zum christlichen Glauben. Lebendige, große Gemeinden waren da, freilich weit zerstreut, als Florence nach Uganda kam.

Aber auch die Dämonie des Heidentums und die große Einsamkeit waren greifbar geworden. Iganga in Busoga, die Station, für die die junge Missionarin bestimmt war, hatte außerdem ein sehr ungesundes Klima. Bischof Tucker, einer der Pioniere, schrieb einmal, es sei, als liege die ganze Natur verschmachtet, energie- und leblos, im Banne einer drückenden Atmosphäre, die an den Nerven zehre und Leib, Seele und Geist bedrohe.

Florence' Reisebegleiter setzte diese Schilderung fort: »Vielleicht macht sich nirgends in Uganda das Böse in Gestalt seelischen Drucks im gleichen Grade wie hier bemerkbar. Man muss nur einmal zur Zeit der ganz kurzen afrikanischen Dämmerung, wenn die Sinne so empfänglich sind für alle Eindrücke, auf der Veranda sitzen, und man spürt es förmlich heranschleichen, unheilvolle, düstere Schatten, die einem das Blut aus den Adern saugen. Es fällt einem dann nicht schwer zu glauben, dass in den geheimnisvollen, immergrünen Wäldern, im undurchdringlichen Buschwerk versteckt, eine wirkliche, unheimliche Macht ihr Wesen treibt, die die kriechenden Schlingpflanzen dazu zwingt, unendlich langsam, aber unausweichlich sicher den Lebenssaft aus den Bäumen zu saugen, die sie so fest umranken, dass in den feuchten, durch alle Poren dringenden Dünsten der morastigen Sümpfe etwas Dunkles, Böses am Werk sei, um in Gemüt und Seele der Menschen schwere, hässliche Vorstellungen hineinzuweben.«

Sieben junge Missionarinnen waren in derselben Zahl von Jahren nacheinander auf die Station Iganga gesandt worden. Nicht eine war willig gewesen zu bleiben. Wie kam das? Es lag nicht nur am schwächenden und nervenzerreibenden Klima; noch größere Not bereitete ihnen in Iganga das Temperament der leitenden Missionarin. Sie war vom Typ der Pioniere, besaß hervorragende Qualitäten und war unermüdlich tätig. Ohne jede andere Hilfe hatte sie durch Niederbrennen ganzer Dörfer Pestepidemien eingedämmt. Sie gab sich den Einheimischen uneingeschränkt und erwartete von anderen dasselbe. Alle modernen Ideen aber über neue Wege in der Mission, die die Gemüter der jungen Mitarbeiterinnen bewegten, lehnte sie rundweg ab. Seelen zu retten war ihr Ziel, als sie nach Uganda kam, und gerettet wurden sie, auch wenn sie gelegentlich drastische Methoden gebrauchte und keine Mitarbeiterin während der vergangenen Jahre bei ihr ausgehalten hatte.

Als Florence voll guten Willens und hoher Ziele dort ankam, fand sie den einzigen Wohnraum in zwei Hälften geteilt. In der einen Hälfte waren alle Möbel der älteren Missionarin zusammengepfercht, in der anderen Hälfte herrschte gähnende Leere. »Diese Hälfte steht Ihnen zu«, wurde ihr mitgeteilt.

Fremde Laute umschwirrten Florence. Sie verstand kein Wort. Und doch musste sie sofort die Leitung der Mädchenschule übernehmen. »Höhere Schule für Häuptlingstöchter« nannte sich diese. Natürlich konnten ihre Schülerinnen kein Englisch. Die Seniormissionarin aber ging ihren eigenen Weg, behandelte die Kranken, machte Hausbesuche und überließ es der Jüngeren, zu schwimmen oder zu ertrinken.

Im ersten Brief in die Heimat gab Florence etwas von diesem Anfangsleben wieder: »Endlich in Busoga, und es ist eine Aufgabe! Wir haben nämlich das Mädcheninternat Busogas. Niemand versteht Englisch, die einzige Europäerin, die außer mir am Ort ist, hat die Frauen- und Krankenarbeit. Sie ist robust, und meine Vorgängerin war bald am Ende mit ihren Nerven. Nun sitze ich drin! Aber es ist eine große Aufgabe; hier soll ein neuer Stand von Busogafrauen herangebildet werden. Ist das nicht eine prachtvolle Arbeit? Ich bin mächtig froh darüber. Gott sei Dank für diese vollkommen unmögliche Situation!«

Florence' klare Augen ließen sich nicht beirren. Vom Anfang bis zum Ende ihrer Ugandajahre richteten sie sich stetig und unbestechlich auf Positives und Negatives ihrer Umgebung. Von Natur streckte sich ihr ganzes Sein dem Schönen und Frohen entgegen. Doch kamen Leid und Sorge, sah sie ihnen ins Gesicht und wich der Begegnung nicht aus. Sie hielt fest daran, dass Freud und Leid das Kunstwerk unseres Lebens gestalten.

Drei Wochen nach ihrer Ankunft erzählte sie von einer Geburtstagsfeier mit ihren schwarzen Schülerinnen. Das große dunkle Schulzimmer war festlich erhellt. Im Schein zweier schöner Lampions saßen alle im trauten Kreis am Boden, sangen fröhliche Lieder und freuten sich an den tanzenden schwarzen Mädchen. Florence amüsierte sich köstlich und hätte am liebsten die ganze Vorführung nach London versetzt.

Zur gleichen Zeit schrieb sie aber auch: »Wie sehr brauche ich Gott hier. Alles ist so schwierig. Es ist in allem so viel Ungutes. Immer wieder sage ich mir, dass ich für Christus hier stehe, und dass die schweren Dinge ebenso wie heiliges und stilles Erleben durch mich hindurch müssen, wenn Gott mich brauchen will. Deshalb danke ich ihm, dass ich hier bin und dass ich es nicht leicht habe. So habe ich mir's immer gewünscht.«

Trotz aller Entmutigungen und Schwierigkeiten schrieb sie nach acht Monaten: »Ich fange an, meine Arbeit lieb zu gewinnen. Hätte ich nur einen Kameraden, mit dem ich alles besprechen kann. Ich wäre so glücklich, wie der Tag lang ist.« Und gegen das Ende ihres ersten Afrikajahres: »Beinahe ein Jahr vorüber. Alles hat mich froh gemacht, denn wirklich, es war echtes Leben.«

Nicht die leichten Dinge ersehnte Florence, sondern wirkliche Erfahrung, sei sie nun gut oder schwer. Denn daran wächst man. Ihr erstes Ugandajahr bot alle Gelegenheit dazu. Es war voll von den verschiedensten Erlebnissen. Was ihre Mädchen betraf, so fand sie sie genauso schwierig wie die Mädchen daheim im Klub und genauso liebenswert! Sie waren »argwöhnisch, kindisch, nachlässig, langsam, sie konnten auch mal kleine Teufel sein. Der Musoga ist nicht so strebsam wie der Muganda. Der letztere möchte lernen, der erstere denkt nicht daran. Könnt ihr euch vierzig Mädchen vorstellen, unter denen nicht eine Lust hat zu lernen? (Doch, zwei möchten wohl.) Das ausgerechnet bei mir mit meinem raschen Temperament! So oft ich ein Mädchen an die Tafel rufe, habe ich mindestens dreimal zu fragen, bis sie überhaupt herhört. Dann sieht sie mich erstaunt an, erhebt sich langsam und bequemt sich schließlich nach vorn. Ich möchte hinter ihr her und sie schütteln! Du kannst dir nicht vorstellen, welche Geduldsprobe das ist! Und dann die Unmöglichkeit, sie zur Sauberkeit zu erziehen. Man muss einfach immer selbst da sein. Denk dir nur, ich machte die großen Mädchen für die kleinen verantwortlich, in Sonderheit müssen sie wegen der Sandflöhe deren Zehen kontrollieren. Und was passierte? Bei einer unangesagten Inspektion fand ich, dass manche Kinder bis zu fünfzehn

Sandflöhe zwischen den Zehen hatten. Es gab ein Donnerwetter mit dem Erfolg, dass alle Verantwortlichen beleidigt waren. Es war rein nichts mit ihnen anzufangen. Den rechten Ton zu finden, um sie wirklich zu erziehen, ist so schwierig, dass die meisten an der Aufgabe verzweifeln und jeden Versuch aufgeben. Aber ich kann nicht ablassen, denn ich habe sie alle lieb, deshalb mühe ich mich mit allen Kräften, nicht bei den Vordergründen stehen zu bleiben, sondern zum Kern durchzustoßen.«

Reiches Schaffen – große Möglichkeiten. Doch aus dem undurchdringlichen Busch schienen beängstigende, aufreibende Dinge heranzuschleichen, Tag für Tag, und vor allem – Nacht für Nacht. Die einsame Frau lauschte in die aufreizende wilde Musik der tropischen Nacht. Sollte die Angst sie packen, die lastende Schwermut? Es war Kampf bis aufs Letzte. Doch hier war ihr Platz, und hier galt es »zu stehen und zu siegen«.

Florence hielt dem Kampf und der Einsamkeit stand, aber sie hielt auch Gottes Reden und der Demütigung stand, und ihr Herr und Erlöser trat neben sie, so dass sie seine Kraft und Wirklichkeit neu erlebte: »Diese große Einsamkeit, die entmutigende Arbeit, die Schwierigkeiten der Sprache, Ratten im Schlafzimmer, gleich ganze Mengen, während draußen im Garten Leoparden und Hyänen schleichen und das Schluchzen des Schakals einen nicht zur Ruhe kommen lässt. Heute wieder eine schwarze Schlange, sieben Fuß lang, gerade vor meiner Tür, und hunderte von Ameisen. Es gilt, allen Mut, den man hat, zusammenzunehmen und zu kämpfen, kämpfen, um nicht unterzugehen. Und doch – ist es nicht merkwürdig? Ich war diese Monate glücklicher als je zuvor; denn man ist jederzeit ganz auf Gott geworfen.«

Zwei Monate später kam die Pest. Schauerlich gellten Tag und Nacht die Totentrommeln. Florence war bereit mitzukämpfen, zu pflegen, zu dienen, und koste es das Leben. In Sturm und Sonnengluten reift langsam köstliche Frucht für den, der sich dem Leben stellt.

Depressionen? Nerven? Florence kannte diese Versuchungen gut. »Liebe ist etwas so atemberaubend Schönes, ich berührte noch nicht einmal ihren Saum«, hatte sie von Sheffield aus, kurz ehe sie die Heimat verließ, geschrieben. Nun wurde Uganda die Schule der Liebe. Sie wollte lieben, aber war das denkbar mit ihrer Mitarbeiterin? Die Gemeinschaft mit dem ihr am nächsten zugeordneten Menschen, das war der ganz akute Kampf, den die junge Missionarin auszufechten hatte. Diese Frage nahm sie in Anspruch, als sie kaum Afrikas Boden betreten hatte. Da schon erzählte sie von einer jüngeren Missionarin, die die Probe nicht bestanden hatte, und nahm sie in Schutz. »Es war einfach zu schwierig für sie. Ich bin aus härterem Holz geschnitzt und hatte es nie leicht im Leben. Außerdem, wenn man sich die Mühe macht und den Dingen auf den Grund geht, merkt man, dass niemand garstig sein will. Man entdeckt dann, dass die Betreffenden meist selber bittere Erfahrungen machten und vom Leben enttäuscht sind. Ich möchte sie so gerne aufrichten. Du tätest das gewiss auch. Nur, wenn man sich hineingibt in den Dienst des Aufrichtens, gewinnt man Mut und Freude, es immer wieder zu versuchen. Wenn Menschen unfreundlich sind, sitzt tief im Innern eine Wunde.« –

»Meine Mitarbeiterin ist in mancher Hinsicht so wertvoll, aber tatsächlich ist Iganga eine hoffnungslose Situation. Das wird auch daran deutlich, dass alle meine Vorgängerinnen es nicht länger als etliche Monate hier aushielten. Dann waren sie erledigt, denn das Klima ist so ungesund und macht einen krank und elend. Sie allein hielt durch, aber nun sind ihre Nerven völlig aufgebraucht, und sie leidet unter schrecklichen Ausbrüchen ihres Temperaments. Manchmal spricht sie zwei Tage lang kein Wort, gerade jetzt haben wir drei Wochen hinter uns gebracht, in denen es nicht einmal zu einem guten Gespräch kam, geschweige denn zu einem Lächeln füreinander.« –

»Das Unangenehme ist, dass ich als Neuling so abhängig von ihr bin, weil ich die Sprache noch nicht kann. Jede Stunde des Tages muss ich ihre Hilfe beanspruchen. Ginge es nicht darum, könnte ich mich einfach zurückziehen, bis sich der Sturm einigermaßen ausgetobt hat. Es sind deshalb zwei Dinge, die du für mich erbitten sollst. Das eine ist die Sprache und das andere Barmherzigkeit. Dann kann ich ihr tragend zur Seite stehen. Sobald ich aber meinerseits empfindlich und ärgerlich bin, werden die Zustände unerträglich.

Natürlich ist es nicht immer gleich schlimm. Sie hat tatsächlich so viel Gutes, wie ich oben erwähnte, und wir könnten es so schön miteinander haben. Ist es nicht ein Jammer, dass wir das nicht fertig bringen? Es scheint mein Los zu sein, nie ein freundliches Zuhause zu haben. Natürlich wirkt sich alles auch sehr ungut auf die Mädchen aus. Sicherlich ist es nicht richtig, sie einfach laufen zu lassen, ich muss ihr durchhelfen. Aber ach, wenn das alles wäre und nicht auch noch das Sprachelernen und das ganze Alleinsein auf einem lastete; dazu das eigene Versagen! Aber du denkst nun nicht, ich sei unglücklich. Ehrlich, ich bin's nicht. Vielleicht bin ich sogar für diese Arbeit prädestiniert, denn ich hatte ja nie eine warme Heimat. Aber bleibe am Beten für mich, dass Gott mir nahe sei und meine Gedankenwelt ordne, dass mein Denken hebend und verstehend sei! Eine Liebe, die nur herzlich ist, wenn die andern nett sind, ist wertlos.«

Dennoch – Florence war am Verzweifeln. Sie spürte erschreckend, wie sie den Grenzen ihrer Tragkraft näher und näher kam. Es schien ihr, als könne sie ebenso gut nach England zurückgehen, statt hier ihre Kräfte beinahe sinnlos zu zerreiben. Unerbittlich ging Florence mit sich ins Gericht. Ihre Arbeit? Sie vermochte nicht, Jesu Geist in der Schule auszustrahlen; die Kinder spürten, dass die Atmosphäre vergiftet war. Es war für Florence die Krise ihres Lebens. Wie sie diese Krise bestanden und durchlitten hat, sollen ihre eigenen Worte wiedergeben:

»Ich war jung, und ich war die achte Missionarin, die nach Iganga gesandt war. Keine hatte länger als zwei Jahre ausgehalten. Mein Gewicht sank auf 98 Pfund, und Geist und Seele welkten im gleichen Grad dahin. Eines Tages ging es einfach nicht mehr. Ich saß auf der Veranda, allein, bitterlich schluchzend. Unheimlich und drohend stand der Urwald ringsum. Alles war unbeschreiblich trostlos. Versunken in meinen Kummer um das Zerbrechen meiner hohen Lebensziele überhörte ich die leisen Schritte der afrikanischen Schulleiterin. Sie muss mich ein Weilchen verwundert betrachtet haben, dann setzte sie sich schwesterlich zu mir, lange Zeit schweigend, um endlich langsam folgendes zu sagen: ›Ich lebe nun schon fünfzehn Jahre auf dieser Missionsstation. Eine nach der anderen von euch sah ich kommen und gehen. Jede sagte dasselbe, nämlich dass ihr gekommen seid, uns den Heiland, den Retter aller Welt zu bringen, aber bis heute sah ich noch nicht, dass er die Situation hier gerettet hätte.‹

Diese Worte brachten mich mit einem Schlag zu mir selbst. Das war ja mein Problem. Ich kannte den Herrn genügend, um zu wissen, dass er seine Nachfolger auch die Feinde lieben heißt. Und nun betete ich, dass solche Liebe mich erfüllen möchte. Unwissend um ihre Größe und ihr tiefes Geheimnis betete ich wie nie zuvor um dies eine.

Langsam begann ein Neues. Während sie zuvor in fürchterlicher Laune umhergegangen war und alle und alles durcheinander gebracht hatte, während ich schwermütig meinen Dienst in der Schule tat, fanden wir nun Schritt für Schritt Mittel und Wege, einander die Last zu erleichtern. Sie war von Natur großzügig, und ich muss ihr bei ihrer großen Übermüdung sehr zu tragen gegeben haben. Und nun, als wir beide in einer neuen Lebendigkeit mehr und mehr gemeinsam wanderten, änderte sich plötzlich von innen her der ganze Charakter der Arbeit. Wir hatten etwas von echter Liebe vorzuweisen, die bei uns aufgebrochen war. Das sahen und spürten alle. Sie wurden offener uns gegenüber, sie waren ja nun nicht mehr in Sorge, in welcher Stimmung sie uns antreffen würden. Es ist eine lange Geschichte, von der ich hier nur die Hauptsache erwähnen kann, und beinahe sieht es aus, als hätte ich die Änderung zu Stande gebracht. Dem ist jedoch gewiss nicht so. Ich war im Begriff, an eben derselben Stelle, da meine ältere Kollegin unterlegen war, auch zu fallen, und die alte schwarze Schulleiterin zog mich empor.«

So umwälzend und tiefgreifend war dies Erleben, dass Florence nur ungern darüber sprach. Die Kräfte, nach deren Freiwerden sie sich einst gesehnt, waren gelöst. Sie war befreit zu lebendigem Schenken. Florence entschloss sich zu bleiben – und es dem Herrn Christus zu überlassen, die Situation zu retten.

»Plötzlich ging mir auf«, erzählte sie später, »dass es völlig gleichgültig war, was aus mir wurde; wichtig allein war Gott und mein Nächster. Und damit wurde alles anders. Ich hörte auf, mich um mich selbst zu sorgen. Und – obgleich es nicht einfach war – wir bauten miteinander eine gute Kameradschaft auf, zum Nutzen der ganzen Arbeit. Beide hatten wir Freude an Büchern, nun lasen wir manches Buch gemeinsam. Die ganze Atmosphäre änderte sich. Die Kinder merkten's zuerst, sie wollten teilhaben an solchem Leben der Liebe, und man sah kleine, tapfere und selbstlose Taten der Liebe, die zuvor nie geschahen.«

Ein ganzes Jahr hindurch las Florence täglich das 13. Kapitel des 1. Korintherbriefs, das Hohelied der Liebe. Das Leben in den Fieberdünsten des heißen Klimas wandelte sich aus schmerzender Qual zum lachenden Abenteuer. Die ältere Missionarin gewann Florence sehr lieb, und auch diese konnte in späteren Briefen schreiben, dass sie sie wirklich sehr lieben lernte. Als für Florence der Urlaub herannahte und die Möglichkeit der Wiederausreise nach Uganda besprochen wurde, sagte sie: »Dieser Ort des Kampfes wurde die beste Heimat, die ich je hatte, meine Kollegin war es, die sie mir während des letzten Jahres bereitet hat.«

Die geistliche Erneuerung, die Florence in Uganda erlebte, war die Grundlage für alles, was sie später an mehrere Generationen angehender Missionarinnen weitergab. Wenn sie mit ihnen über »Liebe« sprach, wusste sie, wovon sie sprach. Sie wusste auch um den Preis der Liebe.

Ihre schwer errungene Erfahrung macht jeden Satz des folgenden Abschnittes bedeutsam. Er stammt aus einer Ansprache, die sie am Vorabend ihrer letzten Krankheit hielt:

»Einen Menschen lieb zu haben, heißt ja zu ihm sagen und ihn lieben, so wie er ist. Wenn ihr mit eurer Liebe wartet, bis der andere frei von seinen Fehlern ist, oder bis er sich geändert hat, dann liebt ihr nur ein Wunschbild. Er ist so, wie er jetzt und heute ist, und so will er geliebt werden. Ich habe nur lieb, wenn ich dem andern erlaube, dass sein Sosein mir auch Not machen darf. Ich muss den Schmerz ertragen lernen, dass ich ihm voll froher Hoffnung und Erwartung begegne und dann doch merken muss, dass er mich gelegentlich schwer zu enttäuschen vermag. Noch einmal, jemanden mit der Liebe Christi lieben heißt zuerst, ihn so annehmen, wie er ist, dann aber versuchen, ihn einem Ziel entgegenzuführen, das er selbst noch nicht sieht, und – eben weil ich liebe – alles, was in seinem Wesen gegen Gott steht, mit der Energie der Liebe anzugreifen. So ist Jesu Liebe, völlig frei von eigenen Interessen. Er nimmt dich an, so wie du bist, mit all dem, was unliebenswert, enttäuschend, ja schmerzvoll an dir ist, seine Liebe liebt, wie immer die Antwort sei, sie vergibt und vergibt ohne Ende.«

Wenn ihr in späteren Jahren ihre Schülerinnen von sehr schwierigen Verhältnissen berichteten, schrieb sie öfters zurück: »Gut so, das ist deine Gelegenheit, lass sie nicht ungenützt vorübergehen.« Doch obwohl diese Auffassung vom Leben als Forderung und Antwort zentral in ihrem Denken war, blieb ihre Überzeugung von der Macht der Liebe, die über jedes Hindernis triumphiert, mit einer scharfsinnigen Einsicht in das Wesen der betreffenden Menschen und Verhältnisse verbunden. Sie wusste nicht nur, dass den Anforderungen oft nicht recht Genüge geleistet wurde, sondern sah auch, dass nicht jeder die Befähigung dazu hatte. »Es ist nicht recht«, pflegte sie in Gedanken an solche zu sagen, denen die erforderliche Reife fehlte, »sie einer so schwierigen Situation auszusetzen.«

Trotz des ungünstigen Klimas, schlechter Gesundheit und persönlicher Probleme leistete Florence in der Schule Erstklassiges. Sie war innerlich selbstständig genug, um die Schule so zu führen, wie sie es für richtig hielt. So wurde dem Gartenbau viel mehr Raum im Lehrplan eingeräumt, als es sonst üblich war, denn es war eines der dringendsten sozialen Anliegen, der einheimischen Bevölkerung zu helfen, ihr Land recht zu bebauen. Es war natürlich ein spannendes Ereignis, als die Phelps-Stokes-

Erziehungskommission auch nach dem entlegenen Iganga kam. In ihrem Bericht nahm diese Kommission auf die Arbeit der Mädchenschule Iganga Bezug und bezeichnete sie als eine ganz besonders wertvolle Arbeit. Das war ein hohes Lob aus dem Munde von Sachverständigen in Erziehungsfragen.

In einem Artikel, der später in der Heimat veröffentlicht wurde, gab Florence selbst einen Einblick in ihre Arbeit an der Schule: »In unserem Mädcheninternat in Iganga sind uns etwa 100 Mädchen anvertraut im Alter von 5 bis 20 Jahren. Ich kann mir keine faszinierendere Aufgabe denken. Was bedeutet es nur, die Kinder immer da zu haben und ihre besondere Eigenart herauszufinden. Weiter besteht der Vorteil eines geregelten Unterrichts, die Möglichkeit, sie zu Ordnung, Sauberkeit und Disziplin zu erziehen. Und dann die Freude, wenn wir die ersten Anfänge von Selbstbeherrschung beobachten können! Man braucht nur einmal für kurze Zeit in einer Tagesschule gearbeitet zu haben, um den großen Vorzug des Internats zu empfinden. Von nicht geringer Wichtigkeit ist das Leben außerhalb der Schulstunden. Hier lernen sie in Haus und Küche und in ihrer freien Zeit, dass leben verantwortlich sein heißt. Nur im Zusammenleben werden Ecken abgeschliffen. Da vor allem lernen sie das große Gesetz der Liebe und die Bereitschaft zum Helfen.

Ich begann folgendermaßen: Jedes der älteren Mädchen hatte eines der kleinen zu betreuen, sie hatten die Verantwortung für Wohlergehen und gutes Betragen ihrer Schützlinge. Das führte anfangs zu aufregenden Begebenheiten. Man konnte etwa sehen, wie eine der Älteren ihren aufrührerischen Schützling wütend auf meine Veranda zerrte. ›Dies Kind enttäuscht mich restlos‹, sagte sie mit vor Entrüstung zitternder Stimme. ›Es gehorcht nicht, es tut überhaupt nichts von dem, was ich sage.‹ Kaum konnte man es glauben, sah man die kleine, unterwürfige Gestalt zwischen ihren Knien. Aber ich blieb so ernst wie möglich und sprach – so hoffe ich wenigstens – eindrücklich mit der Kleinen über ihre Unart. Nachdem der Tumult für den Augenblick gestillt war, sah ich den beiden nach, wie sie langsam den gewundenen Pfad hinuntergingen, die Ältere erhobenen Hauptes in der Würde gekränkter Ehre, die Kleine hinterhertrottend, bemüht, eine demütige Haltung anzunehmen, aber, das spürte man deutlich, gleichzeitig krampfhaft bestrebt, die Zunge nicht gegen die majestätische Figur da vorn herauszustrecken.

An unsere Schule ist ein Lehrerinnenseminar mit 20 bis 30 Seminaristinnen angeschlossen. Schwierig ist, dass die eine Frau, welche die Verantwortung trägt, alles in sich vereinen soll: Schule, Seminar, weite Fahrten per Rad durch den Busch. Und doch brauchen die Mädchen und Frauen Busogas mehr als je sorgfältige Unterweisung und ein liebendes Eingehen auf jeden einzelnen.

Busoga ist ein Land, das Herzblut kostet. Allein Gottes Kraft vermag hier Neues zu schaffen, aber sie genügt auch, und wir dürfen mitwirken durch das Erbarmen und Verstehen, mit dem wir allen begegnen. Vom nachtdunklen Hintergrund heben sich schon einige helle Lichter ab. Da ein Mädchen, dort eine Frau, die mit nimmermüdem Glauben gegen eine Welt von Schwierigkeiten feststeht. Ein Glaube, der uns, die wir das beobachten dürfen, ein Wunder ist und ganz gewiss schon ein Angeld dessen, was wir noch erwarten dürfen.«

In einem der jährlichen Berichte an die heimatliche Missionsleitung tritt ein Abschnitt hervor, der Einsicht, Geduld und Glauben des wahren Erziehers enthüllt. Florence selbst waren diese Eigenschaften reichlich verliehen.

»Es ist gar nicht leicht«, heißt es da, »das werden wir alle zugeben, unser ungeduldiges Verlangen so zur Ruhe zu bringen, dass wir nicht überfordern und Unmögliches verlangen. Trotz aller Enttäuschungen bleibt man erwartungsvoll, weil der Gedanke uns trägt, dass selbst bei den geringen geistigen Kräften der uns Anvertrauten Samenkörnlein aufgehen, wachsen – und dass gewiss in jedem die Lebenskräfte Gottes befruchtend wirken, denn sie sind stärker als die lange Vergangenheit, die hinter unsern Mädchen liegt. Wo Gott wirkt, beginnt ein Aufstreben und Wachsen von einem unzerstörbaren Zentrum her. Deshalb ist diese Aufgabe trotz der geringen Fortschritte, die man zu machen scheint, so ungeheuer fesselnd und dennoch voller Hoffnung.«

Als ihre ältere Mitarbeiterin auf Urlaub ging, stand Florence ganz allein. Sie hatte nun auch noch die Patienten zu betreuen. Diese Aussicht erschien ihr ziemlich bedrückend. »Allein, ohne Arzt, ohne Krankenpflegerin auf einer Station zu sitzen, zermürbt einfach die Nerven, und es kommen so schwere Fälle zu uns.«

Randvoll waren die Tage – noch mehr als zuvor, und ihr Herz weitete sich im Umfassen aller, die Hilfe brauchten. Und wieder, wie einst in England, war noch Raum über die eigene Arbeit hinaus für die Probleme anderer Missionsstationen. Sie wusste, dass die Schwierigkeiten, die sie bedrängten, auch anderswo an der Tagesordnung waren.

»Ich hatte einige hässliche Erlebnisse«, erzählt ein Brief. »Nie zuvor sah ich die Schwierigkeiten so scharf, und doch darf man wohl sagen, dass unter uns Bewegung entsteht. Menschen merken auf einmal, wie jeder jedem weh tut, und sind auch willig zuzugeben, dass sie selbst andere verletzen. Offen gestanden, mir graut vor dem, was vor mir liegt, wenn ich hier bleibe. Es scheint mein Los zu sein, immer mit solch ungewöhnlich schweren Dingen zusammenzustoßen und gegen harte Köpfe anzurennen, die alles Schlechte in mir auf den Plan rufen. Du hast keine solch hässliche Empfindung in dir und kannst daher vielleicht kaum verstehen, wie mich das alles bedrückt. Es ist ja so schwer zu unterscheiden, wo wir uns mit Recht zurückziehen und wo die Empfindlichkeit beginnt. Ich merke aber, dass ich da zur Klarheit kommen und standhalten muss. Es gibt sicher einen Weg hindurch. Um ihn zu finden, muss ich meine Rechthaberei aufgeben. Wo aber sollte ich das lernen, wenn nicht hier? Daheim habe ich von dieser Veranlagung kaum etwas gemerkt.«

Einer anderen Freundin schrieb sie: »Lass uns den Gedanken festhalten, dass wir nicht einer Institution dienen, sondern Mitarbeiter Gottes sind, ihm verantwortlich.«

Die Bemerkung, »dass man die Dinge nicht einfach laufen lassen kann«, war charakteristisch für Florence. Wo immer sie den Eindruck hatte, dass etwas verkehrt lief, wusste sie sich gerufen, in die Bresche zu springen und irgendwie zu handeln. So lebte sie dauernd im Stand der Bereitschaft. Das bedeutete freilich auch die Bereitschaft, den Kampf mit dem Übel aufzunehmen, anstatt in falscher Weise zu beruhigen.

Durch alle ihre Briefe klang dieser Ton. Sie schrieb zum Beispiel einmal über den Umgang mit den Afrikanern: »Die Afrikaner sind bildungsfähig. Sie lernen rasch. Aber es bedarf einer unparteiischen Art, einer festen Hand und einer starken Geduld, die unermüdlich gegen ihre Fehler angeht. Es bedarf einer großen Liebe ...«

Das Empfinden für die Gefahr, sich von allen kleinen Dingen des Alltags verschlucken zu lassen, war immer wach. »Oh, hilf mir beten, dass Gott mich bewahre vor all der Kleinlichkeit, die überall herrscht und sich gleich einem dichten Netz über alles legen will.«

Die Kleinheit des Lebens konnte sich beengend auf

Florence legen. Sie schreibt einmal von solchen Gedanken angesichts eines großartigen Sonnenuntergangs: »Hinter dichten, sich immer neu auftürmenden Wolkenbergen versank die Sonne. Kein klares, stilles Untergehen, sondern Kampf und doch so siegreich. Ich saß und sann und sann, was doch der Sinn aller Dinge sei und was du und ich im großen Gefüge bedeuten, winzige Menschlein mit einem großen Glauben – denn es ist ungeheuerlich, das zu glauben, was wir glauben. Wir sind so armselig gegenüber solchem Sonnenuntergang, dass man denken könnte, es kommt gar nicht darauf an, was wir sind oder was wir tun, und doch ist es von solcher Bedeutung. Können wir sagen, weshalb? Das Sehnen nach Gott in unserem Herzen und unsere gleichzeitige Ablehnung – alles ist so verwirrend, so voller Widerspruch. – Was allen und allem hier not tut, ist ein Durchflutetwerden mit Liebe, alles, alles bedarf der Liebe.«

Und wieder: »Ehe wir hier neues Leben und Gottesbewegung erwarten können, müssen wir selbst wohl ganz schlicht in 1. Korinther 13 leben. Ich bin ganz gewiss, alles andere ist im Vergleich damit zweitrangig: Organisation, Sprachbegabung – alles nichts ohne Liebe.« – »Ich freue mich über alles, und ich bin ein unverbesserlicher Optimist. Ich sah so oft, dass Fehler zurechtgebracht wurden, und immer wieder merkt man die führende Hand. Früher glaubte ich, Menschen besäßen oft eine große Macht, zerstörend in unser Leben einzugreifen, aber heute denke ich in gewissem Sinne anders. Ich glaube, wenn wir Gott lieben mit jener anderen Menschen unbegreiflichen Geduld und Leidenschaft, die aus der Liebe zu ihm erwächst, dann sind wir grundsätzlich dem verderblichen Zugriff der Menschen entnommen, sie können unsern Weg nur scheinbar abbiegen. Ich will damit sagen, dass, wie immer es gehe, doch Gottes Plan und Wille in unserem Leben zur

Durchführung kommt. Ein herrliches Bewusstsein der Geborgenheit!«

Trotz der beglückenden Änderung in der Zusammenarbeit zehrten Arbeit und Klima allmählich recht spürbar an Florence' Kräften.

»Wenn meine Briefe nicht immer so sind, wie sie sein sollten, trägt nur die depressive Iganga-Atmosphäre Schuld daran. Ihr könnt euch nicht vorstellen, wie sie einem zusetzt.« Und wieder: »Ich bin es müde, dass es für alle so schwer ist, müde, müde, müde.«

Einige Wochen später: »Ich bin von Gott weggewandert. Man wird so müde hier, zu müde sogar, um sich zum Gebet zu konzentrieren. Ich fürchte, ich bete nur ganz echt, wenn irgendetwas sehr schief geht. Ich habe eine ziemlich strenge Zeit hinter mir, und das wird wohl noch öfters der Fall sein bei meinem dummen Temperament. Es tut nicht gut, in Afrika als Missionarin zu temperamentvoll zu sein. Man rennt immerzu gegen aufreizend harte Mauern an.«

Florence gab zu, dass das letzte Jahr schwer auf ihr gelegen hatte. Aber sie hielt stand. »Ich tauche immer wieder aus den Wogen auf«, schrieb sie gegen Ende ihres Aufenthalts, und: »Erfahrung ist alles.«

Der Gedanke, dass die Heimat in Sicht war, verlieh ihr Kräfte: »So schön und gewaltig afrikanisches Land ist, es ist halt nicht die Heimat. Manchmal, wenn's ganz still ist, zwitschert ein Vöglein im Dickicht eine kleine englische Weise. Dann schlägt mein Herz höher. Ach, mich verlangt nach einem langen Tag des Nichtstuns draußen in Moor und Heide, nicht nur im flüchtigen Traum, sondern in lachender Wirklichkeit. Vier Jahre der Sehnsucht danach machen meine Augen brennen, wenn ich daran denke.« – »Ich bin froh, nun wegzukommen, ich bin am Ende.«

Noch zwei Briefe aus Uganda zeigen, wie Florence war und immer mehr werden sollte:

»Du scheinst solche netten Leute, und dazu in großer Zahl, um dich zu haben, während ich mich hier mühe, meinen Mitmenschen gegenüber nicht aus der Fassung zu geraten. Ich müsste ja eigentlich ein wunderbares Wesen sein, aber ich bin unausstehlich. Ich erwarte ganz, dass ich – daheim angekommen – gar nicht mehr weiß, wie man Freundschaften pflegt. Aber es macht nichts. Ich durfte viel aufbauende Arbeit tun hier draußen und lernte viel, unter anderm auch, wenn nötig, die Mädchen zurechtrütteln, eine unvorbereitete Andacht halten, wunderbar kochen, Gäste unterhalten, bei Entbindungen helfen, den Kopf oben behalten, wenn ich ihn verlieren möchte, Ruhe bewahren, wenn ein garstiges Insekt in der Größe meiner Hand meinen Rücken hinunterschlüpft, ein Spiel für den höchsten irdischen Genuss halten, denken, Männer seien hilflose Kreaturen und die einzige Hoffnung bestehe in Frauen, törichte Menschen geduldig ertragen (vielleicht) und eine ganze Menge mehr. Die Umstellung in der Lebensweise hier hat mir nie Not gemacht; ich habe nur manchmal ein großes Verlangen, aufzuhören mit dem *Tun* für andere und einfach zu *sein*. Ich bin sicher, ich persönlich hätte auf diesem Weg einen stärkeren Einfluss. Gerne möchte ich einmal in einer Ausbildungsstätte in England mitarbeiten, es ist mir noch nicht gelungen, herauszufinden, was in mir brauchbar ist, und dies dann fürs Leben nutzbar zu machen.«

Der zweite Brief ist am Abend vor ihrer Heimreise geschrieben:

»Heute Nachmittag lag ich auf meinem heißen Bett und war wieder dabei, alles Kleine in mir zu verurteilen. Wieder nach hier zurückkommen und bleiben, ja, das könnte schon groß sein, denn es ist ein verheerender Ort

– durchaus, und ich könnte genauso etwas schrecklich Kleines daraus machen. Das Ausstrecken nach dem Großen (auch in den kleinen Dingen) muss doch auch zu etwas führen. Ich kann den Gedanken nicht ertragen, dass ich mein Leben in Kleinheit führe. So viele tun das. Ich möchte etwas Wesentliches, Echtes vollbringen. Das Einzige, was ich mir denken kann, wäre ein starkes, schmerzhaftes Ausharren, wie es hier sein muss, nur habe ich es nicht groß getragen.

Der Heimreise sehe ich so hoffnungsfroh entgegen. Ich spüre, dass sich mir daheim vieles klären wird. Gott sei Dank, ich bin um Jahre älter geworden! Ich liebe das Älterwerden. Jugend ist so überschwänglich in Dingen, die wirklich nicht viel bedeuten. Natürlich ist das einerseits prachtvoll, aber ich hatte von jeher den unstillbaren Drang, den Dingen auf den Grund zu kommen. Das kann man nur durch Erfahrung. Erfahrung aber ist unmöglich, wenn man nicht älter wird. Deshalb meine ich auch, wir könnten in Fragen der Ehe nicht wirklich mitreden, denn es fehlt uns ja die Erfahrung ehelicher Liebe. Aber es ist offensichtlich nicht das Notwendige, und es gibt andere Erfahrungen, die genauso wertvoll sind. Liebe in ihrer wahren Größe muss anders auch erfahren werden können, wenn es nur echte Liebe ist. Was so schmerzt, ist das Dahinkriechen in ausgefahrenen Geleisen. Und gewiss hätte ich nicht jede Ehe ertragen. Ich muss Freiheit haben, ich selbst zu sein – du verstehst doch, wie ich das meine?

Nicht wahr, ich rede eine Menge Unsinn; aber ich bin sehr viel sorgfältiger, wenn ich über Glaubensfragen rede, denn ich sehne mich nach einer tieferen Erkenntnis, und zwar möchte ich von allem nur Herkömmlichen loskommen und so klar und offen werden, dass ich die Wahrheit sehe und in ihr Christus neu begegne. Weil er uns nachgeht und es zu stets neuer, vertiefter Begegnung mit ihm

34

kommen muss, wird er eines Tages vor uns stehen, so wirklich, dass unser Herz wild schlägt vor Freude. Ich glaube, ehe ich zu dieser Freude komme, kenne ich ihn noch nicht wirklich.«

Von Krankheit und Heilwerden

Urlaub. Florence verließ Uganda im November 1924. Während der Reise erzählte sie aus Florenz: »Wir besuchten die Uffizien und verbrachten unsere Zeit mit Botticelli. Die Madonna del Magnificat entzückte mich. Ich konnte leider keine gute Darstellung bekommen. Gute Kopien gab es zwar, aber sie waren ganz ohne Seele. Es war merkwürdig, beim ersten Blick auf das Gemälde dachte man, was für ein schlecht geformtes Kindergesicht neben den entzückenden Gesichtlein der Kleinen ringsum. Aber dann, wenn der Blick lange, lange auf des heiligen Kindes Gesicht geruht hatte und von da wieder zu den übrigen Kindern ging, wurden diese ausdruckslos und uninteressant. Und ein nochmaliger Blick nach dem Gotteskind enthüllte dann, dass das Göttliche in seinen Augen lag. Das kann kein Druck wiedergeben. Deshalb erstand ich keinen. Es war mir, als sei in mir beim Schauen etwas von wirklicher Anbetung aufgesprungen, man sah ein wenig von dem, was sonst so ungreifbar ist.«

Kurz vor Weihnachten kam Florence nach England zurück. Sie war schmal geworden und sah verbraucht aus. Zu lange war sie in dem ungesunden Klima gewesen. Die Freunde, die sie während der ersten Monate besuchte, waren erschrocken. Die Heimgekehrte nahm zwar an Versammlungen und Konferenzen teil, doch sie fühlte sich krank.

Erste Eindrücke von England nach vierjähriger Abwesenheit gab Florence nach einem Besuch in Sheffield wieder: »Es ist doch etwas Großes, dass die Leute durch das Berichten von draußen einmal hinaussehen über die Grenzen Sheffields mit seinen Gewohnheiten, und dass sie den Blick auf etwas richten, das weiter und viel größer ist. Es liegt mir am Herzen, wieder hinauszukommen; aber ich kann mir noch nicht vorstellen, wie ich mich von den Menschen hier lösen soll. Mir wird ganz bang, wenn ich daran denke.

Die Heimat ist anders als vor vier Jahren. Manches scheint sich gelockert zu haben. Niemand scheint viel mehr zu tun, als unbedingt sein muss. Eine Menge eintönigen Nicht-glücklich-Seins gibt es, die Menschen sind vielleicht nicht direkt unglücklich, aber freudlos. Was bedeutet wohl das Wort: Gehet aus und sondert euch ab? Gewiss nicht: seid langweilig, frömmelnd und unliebenswert. Scheidung muss da sein, und zwar klar, eindeutig, zugleich aber leidenschaftlich und begehrenswert. Ob die Welt nicht darauf wartet? Sie ist müde geworden über all dem Warten; das schmerzt einen so sehr. Und das bisschen, was wir selbst zu geben vermögen, ist so erschütternd wenig angesichts solcher Riesennot. Aber Schmerz und Schwierigkeiten sollen uns nicht umwerfen, lasst uns wieder und wieder zu dem zurückkehren: ›Seid stille und wisset, dass ich Gott bin‹, und dann seid guten Muts. Darum geht's, nicht wahr?«

Oft wanderten die Gedanken nach Uganda. Sie hoffte, in Kürze dorthin zurückzukehren. »Letzte Nacht saß ich lange auf meinem Bett und dachte über das nach, was ich dank deiner Hilfe eben erst langsam zu lernen beginne: nämlich dass es jenes königliche, innere Glück gibt, das inmitten tausender Dinge, die uns unglücklich machen könnten, aufstrahlt; ein Glück, so stark, dass ein paar schwermütige Stimmungswellen es nicht zu zerstören vermögen, so dass ich selbst Iganga nicht mehr fürchten muss. Noch ein zweites lerne ich, nämlich dass Barmherzigkeit alle Bitternis heilen kann, und dass wir bitten dürfen und es reichlich empfangen werden: dies göttlichmenschliche Evangelium der Geduld im Umgang mit Menschen und Dingen. Dazu hast du mir geholfen, denn du hast mich dahin zurückgeführt, wo ich Christus neu begegne.«

Nachdem Florence beinahe ein Jahr in England geweilt hatte, wurde sie endlich dazu gebracht, einen Spezialisten aufzusuchen. Er fand heraus, dass sie eine Geschwulst in der Lunge hatte, und sagte ihr, sie habe voraussichtlich nur noch zwei Jahre zu leben, in jedem Falle aber müsse sie sich einer schweren Operation unterziehen. Dieser Ausspruch kam einem Todesurteil gleich, zumal Tuberkulose die Familienschwäche war. Als Florence aus dem Untersuchungsraum kam, überlegte sie, was nun als Erstes zu tun sei. Sie entschied sich für eine gute und kostspielige Mahlzeit.

»Der Spezialist war nicht gerade erfreulich«, schrieb sie einer Freundin. »Er meinte, die eine Lunge sei sehr stark angegriffen, und möchte operieren; das heißt dann, dass ich mein Leben lang mit nur einer Lunge herumlaufen soll. Diese Aussicht scheint wenig verlockend, besonders deshalb, weil das kein Heilen bedeutet, und auch der andere Lungenflügel in Gefahr ist zu erkranken. Und was dann? Es ist ein Dilemma, nicht wahr? Noch sehe ich keinen Ausweg und muss bekennen, dass ich doch ein wenig erschrocken bin. Aber ich versuche, den Kopf oben zu behalten.«

In jener Zeit kam Florence mit Pastor John Maillard zusammen. Seine Überzeugung, dass der Glaube Kräfte der

Heilung in sich schließe, war zusammen mit seinem Gebet von großer Bedeutung für sie. Doch konnte sie selbst in der Frage einer etwaigen Krankenhausbehandlung zu keinem klaren Entschluss kommen. Andere handelten für sie, und sie war schon unterwegs in ein Krankenhaus, als ihr plötzlich Klarheit kam. Auf der nächsten Station verließ sie den Zug.

Florence hatte die feste Überzeugung, dass ein kranker Körper nicht in Gottes Absicht liege. War es aber nicht Gottes Plan, so war es auch nicht ihre Sache, sich der Krankheit hinzugeben. Der Kranken wurde deutlich, dass Gott Aufgaben für sie hatte, und ihr Vertrauen auf Gesundwerden wuchs.

Jahre später sagte Florence einmal in einer Ansprache: »Der Glaube fliegt uns nicht einfach zu. Wohl dem, der einmal elend genug war, um zu wissen: Hier rettet mich nur der Glaube. In solcher Lage ist man nämlich ganz darauf angewiesen. Man braucht Glauben, wenn der Körper das Gegenteil vom Gesundwerden sagt und uns davon überzeugt, dass wir, statt ›überfließendes Leben‹ zu haben, einem unrettbaren Dahinsiechen preisgegeben sind. In Bezug auf die Seele kann man sich etwas vormachen, nicht aber in Bezug auf den Körper. Man muss es sich wieder und wieder sagen und seine Gedanken darauf ruhen lassen, dass Gott auf Seiten des Lebens ist, und dass Krankheit der Feind ist, dass Gott jedoch die Macht hat über jeden Feind. Er hat uns, seine Schöpfung, angesehen und gesprochen: Es ist sehr gut. Man muss es wissen, dass sein urspünglicher Plan ein vollkommener Leib war. Den Glauben gilt es festzuhalten angesichts einer sehr anderen Wirklichkeit.«

Alles sprach für einen Aufenthalt in der Schweiz, und ihre Freunde ermöglichten ihr mit großer Liebe einen Winter dort. Ein Brief, kurz vor der Reise geschrieben, schloss: »Ich bin glücklich, ich möchte mich gleich den Lerchen emporschwingen und lobsingen. Ist nicht alles so schön?«

Florence ging in ein Sanatorium in Montana. Einige Briefe aus Montana zeigen, wie diese neue Erfahrung ausgewertet wurde:

»Tatsächlich, anfangs war es so schlimm oder noch schlimmer, als ich mir ein Sanatorium vorgestellt hatte. Es roch nach Hospital und sah gerade so aus! Zudem lag im Zimmer neben mir ein Mädchen, das die ganze Nacht hustete, und die Atmosphäre an Weihnachten hätte einen zur Verzweiflung bringen können. Man spürte die große Traurigkeit über allen; lauter Menschen, die sich so sorgten um Tochter, Sohn, Gattin oder sonst einen, den sie lieb hatten. Es war wie ein verborgenes Weinen überall.

Nun ging ich heute zum Verwalter und fragte, ob ich nicht eine Etage höher wohnen könnte, da ich ja nicht bettlägerig bin. Ich bekam ein schönes Doppelzimmer mit einer bezaubernden Aussicht. Es ist sehr groß, und ich bin glücklich darüber, hoch oben, ohne Gerüche und Husten. Da kann ich nun am Fenster sitzen oder liegen und wieder zu mir selbst kommen. Ich wünschte, Herz und Gemüt kämen nicht so schnell in Unruhe, wenn die Verhältnisse sich ändern.

»Die Berge sah ich noch nicht im Sonnenlicht, wohl aber im Mondschein. Und wenn man sie emporragen sieht und dann das Elend in den beiden Stockwerken unter mir dagegen hält, so spürt man, dass es so nicht Gottes Absicht ist. Doch wenn schon die Berge in all ihrer Schönheit gleichsam Türen zu Gottes Herrlichkeit öffnen, so kann es wohl geschehen, dass Gott in seiner Barmherzigkeit sich herabneigt und auch Krankheit dazu braucht, dass sie Türen öffne, durch die seine Herrlichkeit strahlend hereinbricht. Nur denke ich, Krankheit war nicht in seinem Plan, und wie muss ihn all das Elend schmerzen.

Wenn ich reich wäre, gäbe ich all mein Geld daran, um ein Heim zu schaffen, in das solche Patienten kommen könnten wie gestern jener Junge, den kein Sanatorium aufnimmt. Ich würde es in den Linien der Heilung durch den Glauben führen und möchte Ärzte und Schwestern darin haben, denen es ein heißes Anliegen ist, mehr Glauben zu haben. Wäre das nicht ganz groß?«

»Diesen Morgen hatte ich das eigene Gefühl, dass es recht mit ihnen wird (sie meint Einzelne der Patienten). Liebe war greifbar nahe, es geht ja nur um dies eine: Erweise ein wenig Liebe, und dann geh weiter. Was man zu tun vermag, ist ja so wenig. Gott aber, Christus und echte Liebe sind ein und dasselbe. Sie sind auch da, wo man selbst versagt. Geradeso empfand ich es in Iganga. Nur ist es hier noch intensiver. Es ist so schwer, Menschen zurückzulassen, die ein ganzes Jahr im Bett zubringen müssen mit niemandem um sich als geschäftigen Schwestern, die hin und her eilen, um so rasch wie möglich fertig zu werden.«

Als Florence nach England zurückkehrte, war sie weitgehend geheilt; man riet ihr jedoch zu einem weiteren Jahr der Ruhe und erlaubte ihr, es nach eigenen Wünschen zu gestalten. Es wurde eines der faszinierendsten Jahre ihres Lebens.

Eine unternehmende, warmherzige Frau tat nicht weit von dem Ort Storrington Pionierdienst. Ein wenig anders, als man sonst zu tun pflegte, aber es war Liebe, die sie einen neuen Weg beschreiten hieß. Es gab ja so viele Menschen, die nicht mehr mit dem Leben zurechtkamen. Jene Frau stellte ihnen großherzig ein Stück Land zur Verfügung, auf dem sie sich ein Heim schaffen konnten. Sie selbst wohnte mit ihrem Mann inmitten dieser bunt zusammengewürfelten Schar und versuchte, sie zu einer stärkenden, freien Lebensgemeinschaft zusammenzuschließen. Das war etwas nach Florence' Herzen! Sie zog für das ganze Jahr, das ihr zur Verfügung stand, in eines der kleinen Häuschen. Sie liebte diese Hütte mit einem Raum. Ein Zufluchtsort war Storrington Sanctuary, da jeder willkommen war und Heimat fand.

Florence gab ihre Erlebnisse in folgenden Briefauszügen wieder: »Könnte ich dir doch diesen Ort recht schildern, so dass du alles vor dir siehst! Etwa 30 Menschen leben hier miteinander. Die meisten sind vom Leben hart mitgenommen; wir versuchen, freundlich und demütig hier eine warme und glückliche Atmosphäre zu schaffen. Unser Heim steht ihnen immer offen, sie sind jederzeit willkommen und dürfen alles bereden oder auch nur ganz stille da sein und zur Ruhe kommen. Das ist's ja, was müde, gestrandete oder verirrte Leute mehr als andere brauchen. Zeit, treue Freunde und dies so schöne Stücklein Erde vermögen viel zu heilen.

Was ich jedoch durchaus nicht verstehe, ist das Geschwätz, das über unser Sanctuary im Umlauf ist, und dass gerade die kirchlichen Leute sich daran beteiligen. Ja, wenn wir ein Asyl oder eine Besserungsanstalt wären! Dafür wäre jeder zu haben. Aber weil wir unsern Dienst so tun möchten, wie wir glauben, dass Jesus gehandelt hätte, nämlich als Freund, ist jeder gegen uns. Ich wünschte, jemand könnte mir helfen, unserer Kirche wieder wirklich gut zu sein.«

»Hier bin ich, eingesponnen in meine Hütte. Es geht doch nichts über solch einfaches Dasein, und doch stehe ich meiner Situation fragend gegenüber. Wohl liebe ich die Menschen, aber meine Liebe nimmt sie zu schnell, wie sie sind. Sie ist zu tolerant und allgemein. Vielleicht eine Reaktion gegen alte frühere Intoleranz. Und doch empfinde ich stark, dass Menschen, die entsagten, die sich verleugneten und jeden anderen Weg außer dem für richtig erkannten ablehnten, selbst da, wo er sehr eng war, näher an das Rechte herankommen als ich.

Sobald der Winter vorüber ist, möchte ich zur Church Missionary Society, um zu erfahren, was sie mit mir vorhaben. Obgleich ich mit meiner Einstellung leichter draußen arbeiten könnte als in einer kirchlichen Arbeit daheim, sehe ich noch keinen klaren Weg. Ich möchte so gerne frei sein, neue Wege zu erproben, statt unter Komitees und Gesellschaften zu arbeiten.«

Auch der folgende Brief scheint aus dieser Urlaubszeit zu stammen. Da Florence die schlechte Gewohnheit hatte, ihre Post sehr ungenau zu datieren (außer den Briefen aus Uganda), ist man bei der Einordnung ihrer Briefe auf das Gedächtnis ihrer Freunde oder, soweit das ersichtlich ist, auf innere Zusammenhänge angewiesen, um festzustellen, auf welchen Lebensabschnitt sich der betreffende Brief bezieht.

»Ihr meint, ich habe mich verändert. Das stimmt, denn ich habe zwar nicht studiert, aber ich strebe immer neuen Zielen nach. Und lass mich dir eines sagen: Wenn man sich nicht wandelt, gleitet man langsam zurück, unmerklich vielleicht. Sind dir nicht auch schon viele Frauen begegnet, die mit der Zeit ein ganz klein wenig verlieren, weniger anziehend werden, langweiliger, trübseliger? Und jetzt das Tonikum dagegen: Man muss beweglich bleiben, vorwärts streben. Wie das im Gedränge der Menschen um uns her möglich ist, ist allerdings schwer zu sagen. Aber das ist sicher, die in uns gelegte Fähigkeit, zu gestalten, schläft langsam ein, wenn man immer nur das tut, was alle andern auch tun. Diese schöpferischen Kräfte sind eben das, was zum Wachstum drängt. Man braucht nicht etwa gescheit zu sein oder gesellschaftlich im Vordergrund zu stehen, nein, schlicht müssen wir werden und aus dem tiefen Wissen heraus handeln, dass unser Leben und Sein auf echten Dingen gründet. Es ist so betrüblich, dass man nirgends wahre Größe sieht, an der man wachsen könnte. Doch, einen innerlich großen Menschen traf ich dieser Tage. Sie war keine überzeugte Christin, doch ihre Idee vom Glauben an Gott geht viel weiter als alles, was wir erreichen könnten. Dieses Groß-von-Gott-Denken ist es, was ich so gerne im Menschen sehen möchte. Ich möchte mich aus aller falschen Enge herausholen lassen in die Weite starken Erlebens.«

Zur vollen Reife

1928 trat die Church Missionary Society (CMS) an Florence mit der Bitte heran, in eine Lücke zu springen und vorübergehend Rektorin am St. Andrew's-Heim zu werden. Das war eines der beiden CMS-Seminare für Missionsanwärterinnen. Florence hatte keine Ahnung, wie ein Missionsseminar zu leiten sei. Sie selbst hatte keines durchlaufen. Auch fehlten ihr für diesen Posten die üblichen akademischen Grade. Doch sie hatte das Entgegenkommen ihrer Missionsgesellschaft während ihrer Krankheitszeit sehr dankbar empfunden, deshalb war es ihr selbstverständlich, jetzt einzuspringen, da es hier an Menschen fehlte. Gleichzeitig war sich Florence bewusst, dass Uganda sie Dinge gelehrt hatte, die Missionarinnen notwendig lernen sollten, ehe sie ausreisten. Sie erkannte klar, dass ihre Erfahrung nicht vereinzelt war. Gar zu gut wusste sie, dass viele hinausgingen mit hohen Idealen, aber im harten Alltag nicht fähig waren, sie zu verwirklichen. Sie hatte es erlebt, dass Frauen an der herben Forderung der Einsamkeit zerbrachen, oder – und das hielt sie für noch schlimmer – dass sie hart und bitter wurden und sich mit Zuständen zufrieden gaben, bei denen Feindseligkeiten unter Mitarbeitern allem, was sie predigten, ins Gesicht schlugen.

Wenn Gott sie nun rief, dass sie das, was sie in der Schule schwerer Erfahrung gelernt hatte, andern weitergeben sollte, war es an ihr zu gehorchen. Sie pflegte oft lachend zu sagen, dass sie keinerlei Qualifikation für ihren Posten habe, da die einzigen Fächer, von denen sie etwas verstehe, Hauswirtschaft und persönliche Beziehungen seien! Davon wusste sie allerdings allerlei. Zu welchem Reichtum des Verstehens und echter Weisheit sie führen sollten, werden die beiden folgenden Kapitel zeigen.

Der Übergang vom geliebten Sanctuary nach St. Andrew's ließ zunächst weder Größe noch Weite erkennen. Es war der Schritt aus einer Welt freien, unbehinderten Daseins in die strikter Wohlerzogenheit und einer etwas engen Orthodoxie. Erstaunlich war, dass Florence in beiden Welten daheim und glücklich sein konnte und immer sie selbst war.

Allerdings blieben in den ersten Jahren Schwierigkeiten mit der Leitung der CMS nicht aus. Florence mit ihrer übersprudelnden Lebendigkeit passte in keine der Formen, in die Menschen mit enger Schau das Leben pressten.

»Miss Allshorn hatte einigem Widerstand zu begegnen«, schrieb ein Mitarbeiter der CMS. »Manche waren doch erstaunt und beunruhigt, denn sie passte so gar nicht in die herkömmlichen Formen christlicher Praxis. Aber gerade das, was ihre Umgebung im ersten Augenblick beunruhigte, beruhigte sie im nächsten Augenblick. Es war ungeheuer erheiternd zu beobachten, wie verblüfft diejenigen waren, die ihr eben irgendeine Ketzerei im

Unterricht vorwerfen wollten, wenn sie gleich darauf entdeckten, dass Florence eine ihrer Lieblingsparolen mit flammendem Ernst und tiefer Aufrichtigkeit verkündete, die die Hingabe der Betreffenden weit in den Schatten stellte.«

Dennoch dauerte es eine Reihe von Jahren, bis aller diesbezügliche Argwohn beseitigt war. Vielleicht geschah es nie restlos. Aber zuletzt hatte Florence doch das Vertrauen selbst der konservativsten Glieder ihrer Missionsgesellschaft gewonnen. Man spürte bei ihr zu klar, dass sie sich keiner Partei und keiner Parole verschrieben hatte, sondern einfach gehorsam sein wollte. Diese Bereitschaft der göttlichen Wahrheit gegenüber und ihr furchtloser Gehorsam wurde zum Aufruf für alle, die ihr begegneten.

Wieder einmal stand Florence vor einem »Unmöglich«. Wohl standen ihr die Hausmutter und einige Fachlehrer zur Seite, aber die Verantwortung für die Ausbildung und charakterliche Zurüstung der Missionsanwärterinnen lag allein auf ihr. Was sie empfand, geht aus folgenden Zeilen hervor:

»Es ist eine wunderbare Aufgabe; wie gewöhnlich halte ich mich für eines der glücklichsten Wesen auf der Welt, denn es ist eine herrliche Gelegenheit, etwas zu leisten. Ich habe eine wahre Leidenschaft, die in Menschenseelen schlummernden Fähigkeiten zu wecken. Irgendwie komme ich mir wie ein Doppelwesen vor. Meinen einen Menschen braucht Gott in einer Weise, die schöpferisch ist. Diese gottgewirkte Art vermag auch in anderen einen Wandel zu schaffen und sie anzuregen, alle positiven Fähigkeiten, die in sie gelegt sind, zur Entfaltung zu bringen, jede in der ihr gemäßen Art. Und mein anderes Ich? Es ist das unbrauchbarste Wesen, das je existierte, und ich weiß niemanden, der mir nicht über wäre.

Wie lange mag es wohl dauern, bis ich dieser Arbeit gewachsen bin? Ich muss ja lernen, all die unguten Dinge zu entwirren, damit das Gute Raum bekommt. Und weiter gilt es, Fesseln zu zerbrechen, ohne die Hände zu verwunden, die sie tragen (nur dass Seelen so viel zarter sind als Hände), und Füße auf den rechten Pfad zu leiten. Wir sind hier zu »protestantisch«, um viel mit dem Wort Schönheit anzufangen. Aber ich sehe bei vielen der Schülerinnen so manches Schöne dahinwelken, meistens nicht einmal durch wirkliche Sünde, sondern durch unwirkliches Christsein und eine billige Selbstzufriedenheit. Zum Glück ist ganz verborgen in jeder doch ein Fünklein göttlicher Unzufriedenheit, und ich will gerne der Blasebalg sein, der es zu solchem Brand entfacht, dass alle Selbstgenügsamkeit für immer verbrennt. Oh, dass ich's könnte!«

Unmerklich wuchs Florence in ihre Aufgabe hinein. In ihr lebten Geist und Mut der alten Pioniere, sie schlug Breschen und bahnte neue Wege, auf denen andere folgen sollten. Die durch sie eingeführten neuen Maßnahmen erfreuten sich immer größerer Wertschätzung. Von außen gesehen waren es kleine Dinge. Aber Florence wusste, dass Sieg oder Niederlage daheim und draußen oft von sehr kleinen Dingen abhängt. Darum führte sie zum Beispiel eine veränderte Diät ein. Richtige Ernährung sollte ihre Schülerinnen stählen für Jahre anstrengenden Dienstes in Übersee.

Als eine Frau, die zu schauen vermochte, sah sie in Kunst, Schönheit und Kultur nicht unwesentliche Hintergründe geistlichen Lebens. Sie pflegte daher auch die kulturelle Seite der Wohn- und Lebensgemeinschaft im Seminar und tat alles, was in ihren Kräften lag, das Haus schön zu gestalten: Selbst geschmackvoll gekleidet, war sie Vorbild in der Frage des Anziehens. Umziehen zum Abendbrot war unerlässlich. In der Bibliothek vermehrte sie die Bücher über Dichtung und Kunst. Leute, die in kultureller Hinsicht etwas zu geben hatten, wurden eingeladen. Sie ließ deklamieren, nahm ihre Schülerinnen zu Gemäldegalerien mit und förderte alles musikalische Interesse.

Florence kannte das Geheimnis wirklicher Entspannung. Sie konnte die geringfügigsten Dinge mit Entzücken genießen und auch einmal die Arbeit völlig beiseite legen. Warme Fröhlichkeit lag hell über allen Festen und so manchem geselligen Zusammensein. Beim gemütlichen Sonntagnachmittagstee in Florence' Zimmer wurde aus den Briefen der Ehemaligen vorgelesen, die nun irgendwo in der Welt Missionarinnen waren. Und der Fürbittgottesdienst, in dem ihrer am Sonntag gedacht wurde, war einer der Brennpunkte der ganzen Arbeit.

Ein unüberwindlicher Sinn für Humor half Florence, rasch Kontakt zu gewinnen, und überbrückte manchen Gegensatz. Nicht dass ihr der Umgang mit Menschen immer leicht gefallen wäre. Sie war von Natur schüchtern, aber lernte ihre Schüchternheit zu durchbrechen, um anderen zu helfen. Und nie durfte diese Veranlagung sie von etwas abhalten, was sie als Aufgabe erkannt hatte. Mit den Jahren schien die Schüchternheit von ihr zu fallen, und eine gelöste Sicherheit trat mehr und mehr hervor. Es schien oft ein Wunder, dass Florence trotz ihres früheren schlechten Gesundheitszustandes das volle Amt einer Vorsteherin mit all den Anforderungen, die dadurch an sie gestellt wurden, durchführen konnte. Es war nur möglich, weil sie den Kampf mit ihrer untergrabenen Gesundheit in der Kraft eines unwandelbaren Glaubens an die heilende Macht Jesu führte. Wenn sie erschöpft war und die Nerven den Dienst zu versagen drohten, ging sie in ihr Zimmer und blieb für ein oder zwei Tage ruhig im Bett, bis sie die Wirklichkeit der Heilungskräfte Jesu wieder fassen konnte. Manchmal kehrte ihre Vitalität ganz rasch wieder, zuweilen dauerte es länger; aber wieder und wieder, wenn ein Zusammenbruch unabwendbar schien, kam sie erfrischt und voll neuer Ideen zu ihren Schülerinnen zurück.

Florence glaubte, dass in jeder der ihr anvertrauten Schülerinnen Fähigkeiten lagen. Diese Anlagen in ihnen zu entdecken, war die Aufgabe, der sie ihre ganze Energie zuwandte. Die Frage, warum so viele Enttäuschte unter den älter werdenden berufstätigen Frauen sind, ließ ihr keine Ruhe.

»Ich frage mich immer wieder, warum von den vierzigjährigen Frauen so viele unterlegen sind. Es ist ein Geheimnis, dem ich weiter nachgehen muss. Diese Frauen müssen alle einmal voller Möglichkeiten gewesen sein, genauso, wie meine Schülerinnen es heute sind. Was geschieht um die Zeit dieser Wende? Wenn wir es herausfänden, könnten wir unsere Jugend davor bewahren, denselben Weg zu gehen.

Ich kann den Gedanken nicht ertragen, dass diese jungen Mädchen voller Möglichkeiten einmal so mittelmäßig und zahm werden konnten, wie eben viele Menschen dahinleben. Ich denke, da liegen im Grunde der Seele nicht überwundene Wurzelschäden. Sie sind unbesiegt geblieben und berauben nun gleichermaßen den Gläubigen wie den unreligiösen Menschen jeden Glanzes und aller Freude. Sie bringen alles Wachstum zum Stillstand und machen schließlich den Menschen blind für alles, was ihn zu Gott hinführen möchte. Wir können es uns nicht leisten, auch nur im verborgensten Winkel unseres Seins in der Niederlage stecken zu bleiben. Ich muss diese Geheimnisse entdecken – um ihretwillen.«

Florence' Umgang mit ihren Schülerinnen war mehr der einer Künstlerin als einer Lehrerin. Sie hielt sich nie für den gereiften Menschen, der nun Wissen oder Einsicht an einen weniger Geförderten austeilt. Sie sah vielmehr das vor sich, was aus dem Betreffenden werden könnte, und mit diesem Blickfeld arbeitete sie. Florence rechnete damit, dass der andere sich auch nach solcher Entfaltung ausstrecke. Es war ein gemeinsames Streben, ein Ziel zu erreichen, das noch fern lag.

»Sobald man sich klar macht, dass alles – der Mensch eingeschlossen – die Bestimmung zur Vollkommenheit in sich trägt, sollte man sich bei jeder der uns Anvertrauten danach ausstrecken. Man darf dabei keine eigenen Interessen verfolgen und sollte solchen Dienst mit der gleichen schöpferischen Freude tun, mit der ein Dichter seine Werke schreibt.« – »Der Protestantismus arbeitet für mein Empfinden zu sehr mit einem unbewussten Misstrauen – wahrscheinlich, weil er sich so stark und sicherlich aufrichtig mit der Sünde befasst – und verliert darüber die Schau von der Schönheit der Menschenseele, dieses zarten Gebildes voll zitternder Hoffnung, das – beinahe erstickt – dennoch ein Wissen darum besitzt, zur Gotteskindschaft berufen zu sein.«

Auf den Vorschlag, dass Florence ein Buch über ihre Gedanken und Ziele der Erziehung schreiben sollte, antwortete sie: »Ich fürchte, meine Ideen haben nicht viel Wert, wenn man nicht anfängt, sich um die Vollkommenheit zu mühen und die von Gott bestimmte Schönheit einer Seele zu schauen. Scheint das dünkelhaft? Ich möchte nur folgendes damit sagen: Wenn andere ohne diese Schau in meinen Linien arbeiten wollten, so käme nur Unheil dabei heraus. Nicht dass ich es besser machte als andere, aber vielleicht kommt mir mein künstlerisches Empfinden zustatten, zumal es sich nach verschiedenen Seiten hin auswirkt und nicht bei der Kunst stehen bleibt. Es ist mir unmöglich, mich meinen Mitmenschen gegenüber auf den Standpunkt zu stellen: ›Sie ist solch nettes Wesen, aber ...‹ Ich möchte, dass jeder nach dem Besten strebt.

Sehen – es ist gar selten, und doch so wesentlich! Die Menschen gehen meist blind dahin, denn sie wollen der Forderung des nächsten Schrittes nicht gehorsam sein. Sie bleiben stehen bei dem *Aber*, spielen damit herum, dann entschlüpfen sie und sagen: ›Schließlich ist keiner vollkommen‹, oder: ›Wir sind auch nur Menschen.‹ Es geht darum, dass wir einen Weg finden, heraus aus dem unbestimmten Dahinleben in ein Leben gesammelten Handelns. Das bedeutet keinesfalls, den Dingen den Lauf lassen, es heißt vielmehr, aus der tödlichen Zone oberflächlicher Betrachtung oder dumpfen Beharrens zum Wesen der Dinge hindurchzudringen.

Meine Erziehungsmethoden sind zum Teil gewiss anfechtbar, doch eines, das sie von der üblichen Anschauung bei Leitern von Ausbildungsstätten unterscheidet, möchte ich festhalten. Ich gab den Schülerinnen keine hervorragenden Kenntnisse mit, denn die besitze ich selbst nicht, aber ich lehrte sie, zu denken und zu sehen. Das war durchaus nicht einfach, denn ich hatte niemand zur Hilfe, doch sind wir ein Stück weitergekommen. Beinahe meine ich, unsere größte Not bestehe darin, dass wir keinen Mut aufbringen, unserem Versagen offen ins Auge zu sehen.«

Florence machte das große Gebot der Liebe zur Grundlage all ihres Mühens. Es lag ihr stets am Herzen, dass die beiden darin enthaltenen Forderungen, Liebe zu Gott – Liebe zum Nächsten, nicht auseinander gerissen würden. In dieser Sicht liebte sie auch den Heiligen von Assisi: »Wir sahen einiges von St. Franziskus. Ich hatte viel Gewinn davon. Man stelle sich nur seinen fröhlichen Glauben vor Augen, der ihn gewiss machte, dass Gottes guter Wille in jedem Falle geschehe. Sollte er selbst dann das Werkzeug zur Durchführung dieses Willens sein, so war er glücklich und zufrieden. Und dann seine Fürsorge! Was für ein Mischmasch von Menschen umgab ihn: Fromme, Streitsüchtige, Dumme; und er liebte sie alle! Franziskus war groß und sanft zugleich und voll tiefer Weisheit im Umgang mit allem Lebendigen. Und natürlich war er durch seine richtige Einstellung zu den Dingen und Menschen ein glücklicher Mensch. Er übersetzte den Inhalt jener zwei großen Gebote, die Liebe zu Gott und dem Menschenbruder, in den Alltag. Es besteht ein himmelhoher Unterschied zwischen religiösen Menschen und lebendigen Christusjüngern. Man kann christlich leben und doch seinem Ich als der ersten Größe verhaftet bleiben. Denn bewusst nicht selbstsüchtig handeln, braucht noch lange nicht selbstlos zu sein. Erst da, wo wir in der Freude an Gott und dem Nächsten stehen, verliert jenes ›Ich wünsche‹ ganz sein Recht. Solche Freude ist das Herz aller Liebe.

Ich habe diese drei Jahre in großem Ernst am zweiten Teil des großen Gebotes, der Liebe zum Nächsten, gearbeitet. Es war wohl auch eine Reaktion gegen die Welt von Lieblosigkeit damals in Afrika. Und ich trug Sorge, dass die mir Anvertrauten in dieser Frage klar sahen. Aber ich vernachlässigte darüber den ersten Teil, im letzten Trimester kam ich darauf zurück, ohne jedoch den zweiten Teil aufzugeben. Ich bin nun glücklicher denn je. Es braucht Zeit, zur Klarheit zu kommen, bei mir vielleicht noch länger als bei anderen.«

Florence konnte ihren Schülerinnen gegenüber sehr drastische Diagnosen stellen. Doch nahmen die meisten die Wahrheit lieber von ihr als von irgendjemand anderem an; denn sie spürten, dass diese Erzieherin nie aus den Augen ließ, was Gott aus jedem machen wollte. Die Lauterkeit ihrer Motive stand außer Frage. Je größere

Möglichkeiten sie in einem Menschen erkannte, desto schärfer nahm sie alle Schwächen aufs Korn, vorausgesetzt – das erkannte sie rasch – dass der Betreffende es verkraften konnte. Sie war durch einen sicheren Instinkt davor bewahrt, Menschen zu überfordern.

»Es gibt so viel schwächliche, unwirkliche Oberflächenfreundlichkeit«, schreibt sie einmal, »manchmal begegnen wir uns für Monate auf dieser Ebene. Und dann passiert irgendetwas. Das Mädchen ist erschüttert, und weil sie plötzlich aus ihrer flachen Beruhigtheit aufgestört ist, wird sie auf einmal so viel liebenswerter. O ja, es ist gut, wenn etwas geschieht und uns vorwärts drängt. Nur nicht dieses Hängenbleiben an den armseligen kleinen Nöten der eigenen Kümmerlichkeit und des Miteinander-Lebens.«

Florence war sich bewusst, dass die Erziehung immer da einsetzen muss, wo ein Mensch wirklich steht. Sie schärfte das auch ihren Mitarbeitern ständig ein: »Es wird für das Mädchen schwierig sein, dich zu verstehen und umgekehrt. Du musst dich dahin begeben, wo sie ist, und sie von dort mitnehmen. Das aber braucht Zeit. Bringe sie nicht dazu, sich auf die Fußspitzen zu stellen, nur damit sie sieht, was du siehst. Sie vermag es noch nicht und verliert die Zusammenhänge, weil du nicht dort anfängst, wo sie in Wahrheit verstehen kann. So versuchst du gewaltsam, sie zu deiner Schau zu bringen. Das ist die Gefahr von uns einseitigen Fanatikern. Das werden wir nämlich, wenn wir nicht fähig sind, den Standpunkt des andern zu erfassen und ihm dort zu begegnen.«

Erziehung war für Florence immer ein wechselseitiges Geschehen. Sie hatte eine bemerkenswerte Fähigkeit, von andern zu lernen, auch von solchen, die nicht ihre Reife besaßen. Sie sagte, keine Schülerin sei durch ihre Hände gegangen, von der sie nicht irgendetwas gelernt habe.

»Eines, was sich mir in der Rückschau besonders klar heraushebt«, schrieb eine Kollegin, die vier Jahre mit ihr arbeitete, »war, dass es sich trotz oder vielleicht gerade wegen ihres unternehmenden und immer beweglichen Geistes so gut mit ihr leben und arbeiten ließ. Das lag wohl an ihrer unermüdlichen Geduld. Ich bin sonst keinem begegnet, in dem sich solches leidenschaftliche Verlangen nach Vollkommenheit mit solcher liebenden Geduld allen unseren Unvollkommenheiten gegenüber verband. Gewiss hatte Florence Allshorn ihre Fehler, und sie wäre die erste, die uns auslachen würde, wenn wir ihr Bild in zu lichten Farben malten. Manchmal erwartete sie von ihren Schülerinnen zu viel oder ließ sich gelegentlich von ihrem Äußeren einnehmen, ohne die verborgenen Schwächen zu sehen. Sie konnte auch einmal der Gefahr erliegen, die Jüngeren stärker vorwärts zu treiben, als ihnen zu folgen möglich war.«

Das Erleben in St. Andrew's Hostel und Kennaway Hall wäre unvollständig, wollten wir nicht auch die langen Ferien erwähnen, die jede Erziehungsarbeit bietet. Florence genoss sie restlos. Eine ihr später sehr nahe stehende Freundin lässt hineinsehen in die Erfahrung gemeinsam verlebter Ferien: »Florence lud mich ein, über die Weihnachtsferien mit ihr in ein kleines Ferienhäuschen zu gehen, das sie gemietet hatte. Frost, Vollmond, schimmernder Schnee – alles neu und reizvoll. Wir wanderten miteinander, nähten, kochten – das war alles. Aber mit ihr zusammen zu sein war besser als das anregendste Stärkungsmittel – eine unvergessliche Zeit.«

Später bekam Florence ein Sommerhäuschen geschenkt, hoch oben am Rand der Felsen in der Nähe von Mundesley in Norfolk. Dort verbrachte sie manche sorglose, glückliche Ferienzeit. Wenn irgend möglich, wurde im

Freien gefrühstückt, am Berghang, in lachender Sonne. Man konnte auch, wenn man Lust hatte, geradewegs zum Meer hinunterlaufen und baden. Mit Genuss reiste Florence auch ins Ausland.

Unstillbar lebte in ihr der mächtige Drang, neue Wege zu beschreiten. Sie kannte keine festgefahrenen Geleise. Das Leben ging weiter, und sie hielt Schritt. So erschien ihr Kennaway Hall nie als geeignetes Zentrum ihrer Arbeit, und sie veranlasste 1938 einen Umzug nach Foxbury in Chislehurst, den sie auch erfolgreich durchführte. Ein einladendes Haus in grünem Gartenland, das Raum für 40 Missionsanwärterinnen hatte, nahm sie auf. Endlich hatte sie auch einen Mitarbeiterstab nach ihrem Herzen zusammengerufen.

Nur drei Trimester waren ihr dort vergönnt. Dann kam der Krieg, das Seminar schloss seine Pforten, und Foxbury wurde vorübergehend Zentrale der Missionsgesellschaft. Zehn Jahre heißen, zielbewussten Mühens um Mitarbeiter, die sich in ihrem Sinn einsetzten, lagen hinter Florence. Nun waren sie gefunden; auch ein idealer Ort war da, an dem ihre Pläne verwirklicht werden konnten. Endlich schien das Ziel erreicht, und dann – alles über Nacht hinweggefegt. Aber Florence blieb nicht dabei stehen, sie liebte das Aufbauen. Es war das Blut der Pioniere, das sich in ihr regte.

Einen Monat später bat die CMS Florence, mit einer verringerten Anzahl von Schülerinnen in Selly Oak neu zu beginnen. Ein Jahr lang waren sie dort, als Florence' Gedanken eine neue Richtung nahmen. Sie spürte ihre reduzierten Kräfte, und die Überzeugung wuchs in ihr, dass es Zeit sei, die Leitung der Schule abzugeben. Am Ende desselben Jahres entschied sie sich zurückzutreten und stellte sich noch für ein Trimester zur Verfügung. Kein ernsthafter Angriff hatte Foxbury betroffen, daher sollte das Seminar wieder dorthin verlegt werden. Kaum aber waren Lehrende und Lernende zurückgekehrt, als die Schlacht um England begann. Foxbury war heftigen Angriffen ausgesetzt, und das Seminar evakuierte nach Ridley Hall, Cambridge. Als dort zur Weihnachtszeit das ereignisreiche Trimester endete, wurde Florence frei für neue Erlebnisse.

Das königliche Gebot und unser Alltag

Wenn in den Jahren nach der Weltmissionskonferenz 1910 von der Ausbildung junger Missions-Aspiranten die Rede war, pflegte man mit einem gewissen trockenen Humor zu sagen, dass offensichtlich zehn oder sogar zwölf Jahre weiterer Ausbildung nach der Abschlussprüfung einer höheren Schule erforderlich seien, wolle man die volle, als unerlässlich betrachtete Ausrüstung in Theologie, praktischer und theoretischer Pädagogik, Anthropologie, Soziologie, Geschichte, Methoden und Problemen der Missionen, den Grundelementen von Medizin und Hygiene usw. geben. Florence hatte aber auch Schülerinnen ohne Abschlussprüfung einer höheren Schule, und die Zeit, die zur Verfügung stand, waren vier Trimester, das heißt nicht ganz anderthalb Jahre. Die Ausbildung bedeutete unter diesen Umständen ähnlich wie die Politik »die Kunst des Möglichen«.

Mit leichten Schwankungen in den einzelnen Kursen war die Zusammensetzung etwa folgendermaßen: Ein Drittel der Schülerinnen besaß eine Vorbildung als Lehrerin, einige hatten einen akademischen Grad, ungefähr ein Drittel kam aus der Krankenpflege, und zwei oder drei Ärztinnen rundeten meist noch die Zahl ab.

Instinktsicher drang Florence bei allen Problemen rasch zum Wesentlichen vor. Daran hielt sie dann unbeirrbar fest. Ihre Vorstellung vom Notwendigen für die Ausbildung von Missionsanwärterinnen war ausgesprochen originell und umfassend. Die Tiefe und der Reichtum ihres Denkens sind es wert, über den begrenzten Kreis ihres Wirkens hinaus beachtet zu werden; denn ihre Ideen gehen bis zu den Wurzelproblemen der Ausbildung für jede Art diakonisch und christlich ausgerichteten Dienstes.

Will man Florence Allshorns Beitrag ganz würdigen, muss man natürlich unterscheiden zwischen ihren grundlegenden Erkenntnissen und dem praktischen Ausdruck, den sie in der ihr aufgetragenen Arbeit fanden. Sie konzentrierte sich von jeher mit aller Energie auf das Problem, mit dem sie gerade zu tun hatte, und gab sich keinen allgemeinen Reflexionen hin. Das darf uns aber nicht die Tatsache verdunkeln, dass in der Art, wie sie die ihr zugefallene Aufgabe meisterte, allgemein gültige Grundlinien zu Tage treten, die auf breitester Ebene anwendbar sind.

Ein Artikel über »Das gemeinsame Leben auf einer Missionsstation«, den Florence 1934 für die International Review of Missions schrieb, ist eine der besten Äußerungen dessen, was Florence für wesentlich und vordringlich in der Ausbildung werdender Missionarinnen hielt. Später berichtete sie, dass sie wohl von allen führenden Missionsgesellschaften Englands und auch aus etlichen anderen Ländern anerkennende Zuschriften bekommen habe, dass aber, soweit sie sehe, keinerlei Änderung der bestehenden Praktiken zu merken sei.

Eine fast wörtliche Wiedergabe dieses Artikels ist vielleicht die beste Einführung in die Hauptgedanken, die Florence bei der Erfüllung ihrer Aufgaben beschäftigten:

»Eine seltsam dunkle Regung der Scham windet sich unzweifelhaft am Grund unserer Seele, wenn wir als Missionsleute an unsere Beziehungen untereinander denken. Wir können es nicht verantworten, sie so zu lassen, wie sie sind. Und manchmal denke ich, wenn wir nicht tiefer in das große Gebot Jesu eindringen, so wird das geistliche Leben unter uns allmählich ganz verlöschen. Wenn der ganze Bereich menschlicher Beziehungen unter Reichsgottesarbeitern weiter in dem verschwommenen und unfruchtbaren Zustand bleibt, in dem er sich zur Zeit befindet, so mögen wir von Errettung predigen, soviel wir wollen, es wird beinahe vergeblich sein. Deshalb möchte ich einmal die Schwierigkeiten aufzeigen, die für moderne junge Frauen bestehen, wenn sie zum ersten Mal ausreisen. Ich bemühe mich dabei, auch etwas von der Unsicherheit zu verstehen, mit der die Vorkriegsgeneration dieses merkwürdige Gemisch von großen Fähigkeiten und beträchtlicher Unreife ansehen muss, das sich heute moderne junge Frau nennt.

Wenn Christus mich nicht von den Dingen erlösen kann, die meiner Mitarbeiterin zur Anfechtung werden, habe ich nur eine magere Botschaft der Erlösung; und wenn ich meiner Schwester daheim nicht helfen kann, gewisse selbstsüchtige Gepflogenheiten zu überwinden, die mich oder irgendeinen andern bedrücken, wie vermag ich dann meinen afrikanischen oder indischen Schwestern zu sagen, dass ich ihnen helfen möchte, durch ihre Nöte zu kommen?

Schöpferische und aufbauende Arbeit sollte immer nach einer harmonischen Ganzheit streben. Dazu brauchen wir eine Gesamtschau, die kein einzelner vollständig zu haben vermag. Es bedarf also der Zusammenarbeit verschiedener Begabungen. Etwas allgemein könnte man die verschiedenen Befähigungen in drei Typen einteilen.

Zunächst sind da jene seltenen Charaktere, die in einem meist nicht sehr kräftigen Körper die Gabe der Initiative und schöpferischen Schau besitzen. Man findet sie nicht gerade häufig in unserem technischen und mechanisierten Zeitalter. Und doch sind Leute mit dieser Begabung in jeder Gruppe, die aufbauende Arbeit leisten möchte, von unschätzbarem Wert. Sie bewegen die Wasser unserer so leicht stagnierenden Gewohnheiten, zwingen uns, zu größeren Zielen vorzustoßen, und tun das dadurch, dass sie uns vor neue Forderungen stellen.

Weiter sind unter uns die intellektuell Begabten. Sie besitzen mit dieser Befähigung das nötige Werkzeug, die Anregungen der ersten Gruppe für die Praxis auszuwerten.

Und schließlich haben wir die reproduktiven Menschen, die den vorbereiteten Plan genau ausführen.

Ich bin mir natürlich wohl bewusst, dass man Menschen nicht einfach künstlich in diese drei Kategorien einordnen kann. Ich will damit nur zeigen, dass alle drei Befähigungen notwendig sind. Das betone ich, weil ich für eine vernünftige Erkenntnis der persönlichen Begabung eine Lanze brechen möchte. Eine junge Missionarin muss die Möglichkeit bekommen, ihren Gaben gemäß zu arbeiten.

Die erstgenannte Veranlagung ist die schwierigste – eine Not für den, der sie besitzt, und für jeden andern, namentlich in jungen Jahren. Menschen dieser Begabung haben unter dem Druck bestimmter Verhältnisse nur zwei Möglichkeiten:

Entweder sie entfalten die ihnen verliehenen Kräfte noch reicher, oder sie flüchten in die Neurose. Es gibt für sie keinen Mittelweg. Eifrig und empfindsam wie sie sind, mit ruhelosem Geist, der gegen Gefängniswände rennt, unterliegen sie seelischen Spannungen leichter als der gemäßigtere Typ. Sie brauchen mehr Zeit, sich dem

Leben anzupassen. Um mit ihrer Erkenntnis Schritt halten zu können, müssen sie tief wurzeln. Sie werden deshalb eine Zeit lang aus zwingender Notwendigkeit heraus stark mit sich selbst beschäftigt sein. Solche Menschen leiden schnell an Minderwertigkeitskomplexen, und wenn sie sich mit ihrem idealistischen Kopf zu lange an eintöniger und für sie wertloser Routine stoßen, wandelt sich das Positive einer schöpferischen Initiative sehr rasch in eine negative, mehr oder weniger unterwürfige Resignation; sie brechen entweder zusammen oder werden zahm, und letzteres ist die größere und häufigere Tragödie. Diese jungen Mitarbeiterinnen sind eine uneingeschränkte Plage für die älteren Missionarinnen, die nichts anderes als einen jüngeren Menschen für die Arbeit möchten. Für eine Frau aber, die genügend feinfühlige Klugheit besitzt, muss es eine wahre Wonne sein, ihnen zur Entfaltung zu verhelfen.

Wir alle stehen Verhältnissen gegenüber, in denen die Fülle der Arbeit, die in Schule und Krankenhaus getan werden muss, den Blick völlig gefangen zu nehmen droht. Menschen mit jener intuitiven Schau aber könnten uns, gäben wir ihnen nur eine Chance, aus der Ausweglosigkeit herausführen. Sie werden keine Patentlösung für das Problem finden. Sie tun Besseres, als Lösungen zu finden, sie stellen uns vor neue Forderungen. Unsere Zeit braucht schöpferische, geistliche Denker bitter nötig. Aber sehr oft bringen wir sie um ihre Gelegenheit, machen Neurotiker aus ihnen und sagen dann, was für eine Last sie seien. Vor allen Dingen brauchen diese Seher ein genügendes Maß von Stille und Ruhe. Ihnen das zu rauben, heißt, sie körperlich, seelisch und geistlich schädigen.

Bei den intellektuell Veranlagten haben wir es mit einem schwächeren und einem stärkeren Typ zu tun. Die Stärkeren zeichnet ein vorwärts strebender Wille nach Wissen aus, der nicht locker lässt, wie immer die Umstände seien. Dutzende so begabter Missionarinnen hätten bei nur geringer Ermutigung ihre geistigen Kräfte nicht so verschwendet, wie das tatsächlich der Fall ist. Doch die gleiche Parole ›keine Zeit‹ beraubte auch sie ihres Geburtsrechtes. Sie kehren dann zurück voll Eifer für die Arbeit, doch alle Gedanken stecken schon in den Geleisen ihrer Arbeit. Sie sind davon absorbiert, und keine neue Schau ist mehr möglich. Das Unglück ist, dass die Betreffenden mehr oder weniger mit diesem Zustand zufrieden sind.

Der reproduktive Typ ist beliebt bei der überarbeiteten, älteren Mitarbeiterin. Wundert man sich darüber, so wie die Dinge liegen? Auch diese Art der Begabung hat ihre Gefahren, denen man rasch erliegen kann, wenn die zugeordnete Mitarbeiterin nicht wach dafür ist, denn es bestehen wie bei den erstgenannten Typen positive und negative Möglichkeiten, d. h. man kann in der Linie einer weiteren, größeren Schau arbeiten und daran wachsen, oder man bringt eben seine Zeit zu, indem man sich einfach von der Notwendigkeit des gegenwärtigen Augenblicks treiben lässt. Es bedeutet einen schicksalsschweren Unterschied, welche dieser beiden Richtungen eingeschlagen wird. Daher brauchen Frauen dieser Art in ihrer Umgebung Freunde, die ihnen unermüdlich ein hohes Ziel vorhalten.

Die Versager unter den Missionarinnen und allen christlichen Arbeitern sind die, die nie mit ihren eigenen geistlichen, persönlichen und sozialen Schwierigkeiten fertig werden. Das mag damit zusammenhängen, dass die Unrichtigen in die Arbeit gesandt wurden – Menschen, deren geistliches Leben unwirklich war – oder dass befähigte Menschen im Räderwerk mechanischer Routine bei zu großer Arbeitsfülle hängen blieben. Dadurch tritt früher oder später eine Erschöpfung ein, die sie unfähig macht, persönliche Probleme zu meistern. Naturgemäß verkümmern unter diesen Bedingungen Geist und Gemüt. Um für die Unfruchtbarkeit einen Ausgleich zu schaffen, suchen sie Ersatz und Befriedigung ›in der Arbeit‹, in die sie alle Vitalität werfen. Darunter leidet ihr Frausein. Frausein bedeutet mehr als das glänzende Ideal, das wir von Erfolg in der Arbeit haben; es bedeutet Geduld, Barmherzigkeit und sich stets vertiefende Güte. Es bedeutet die Willigkeit, in die Tiefe zu steigen. Wie aber können Frauen, die selbst innerlich alt und unfruchtbar wurden, ihre jüngeren Mitarbeiterinnen das Geheimnis wahren Fruchtbringens lehren? Sie hatten ja selbst nicht die Hilfe oder den Mut, Begegnungen mit Menschen und Dingen so zu durchleben, dass sie das Wesentliche und Unwesentliche erkannt hätten.

Wir müssen darauf achten, dass sich frühere Fehler in diesen Fragen nicht wiederholen. In unserer Ausbildung lag tatsächlich ein großer Mangel. Wir brachten viel Zeit damit zu, den jungen Menschen Hilfe für ihr geistliches Leben zu geben, wir suchten sie zuzurüsten für den künftigen Dienst, aber ihr Gemütsleben überließen wir weithin seinem eigenen Schicksal. Hier befindet sich jedoch in uns allen das eigentümliche Hinterland, in dem sich Ängste, Schüchternheit, Unlustgefühle, Minderwertigkeiten, rachsüchtige Gedanken, Überheblichkeit und falsche Reserviertheit einnisten. Unser geistliches Leben dringt sehr oft nicht bis zu diesen Hintergründen vor, weil es zu oberflächlich ist. Und doch ist hier das Wurzelgebiet allen Kampfes und aller Zerstörung. Sobald eine Frau versäumt, ihr Gemütsleben zu pflegen, und mit dem unbewussten Gefühl eines Mangels herumläuft, ist die Arbeit die einzige Möglichkeit, die Befriedigung verspricht.

Bei uns Frauen verwandelt sich aber das Gefühl inneren Zukurzkommens mit beinahe notwendiger Folgerichtigkeit in den dringenden Wunsch nach Macht. Ich glaube, dass das der Hauptgrund ist, weshalb Missionarinnen – und wahrhaftig die Frauen daheim ebenso – sobald sie in führender Stellung sind, sehr oft jenen feinen Hauch der Christusähnlichkeit, die Demut, verlieren und hart, herrschsüchtig und auf ihre Arbeit versessen werden.

Erfolg muss vor allem in der geistlichen Ebene verwurzelt sein. Wenn der Erfolg in der Arbeit voransteht, dann wird das Leben gewiss der Heimat und des Friedens beraubt. Sobald eine junge Mitarbeiterin nicht vermag, sowohl den geistigen und seelischen als auch den körperlichen Spannungen einer Missionsarbeit standzuhalten, und wenn sie dabei ohne die Hilfe der älteren bleibt, kann sie nur denselben Weg des Verlierens einschlagen, es sei denn, sie habe einen außergewöhnlich starken und gefestigten Charakter. Nur die Frauen, deren Gemütsleben ausgeglichen ist, können wissen, was jedes Leben im Prozess der Reifung erleiden muss. Sie allein vermögen darum einen klaren Weg durch alle Wirrnisse hindurch zu zeigen.

Wir wollen nicht andere tadeln, niemand hat das Recht, jemanden zu kritisieren, außer sich selbst. Aber es gilt noch so viel zu lernen und zu verstehen, und der Weg zu neuer Freude in der Gemeinschaft ist ein Weg größerer Ehrlichkeit, größerer Klugheit und größeren Wirklichkeitssinns. Er lässt viel mehr als jede andere Straße, die wir bisher wanderten, jeden selbst den Weg zu geistlicher Schönheit finden.

Was auch nötig sein mag an Qualifikation, wir müssen vor allem Frauen hinaussenden, die jede mögliche Situation als lebendigen Ansporn begrüßen. Wir müssen Ausschau halten nach den Anzeichen einer lebensbejahenden Persönlichkeit.

Für die meisten wird die Zeit der Ausbildung ausreichen, um ihnen in dieser Hinsicht Gelegenheit zur Selbsterkenntnis und zur Festigung ihres Gemütslebens zu geben. Das ist das Wichtigste, was sie lernen müssen; für Einzelne unter ihnen ist ein Jahr allerdings viel zu kurz. Wenn eine Missionsanwärterin sich einer Anlage, die ihren Dienst beeinträchtigen könnte, bewusst wird, ist ihr ja offensichtlich noch nicht damit geholfen, dass sie sieht, was verkehrt ist. Alte Gewohnheiten müssen durch eine neue Einstellung der Gedanken überwunden werden; aber alte Übel sind so hartnäckig, dass dieser Prozess Zeit braucht.

Wir werden bedenken müssen, dass bei der Zurüstung der jungen Menschen geistige und seelische Gesundheit von noch größerem Gewicht ist als körperliche Gesundheit. Wenige Männer können wohl ganz verstehen, wie stark das Seelenleben einer Frau in Fragen der Gesundheit mitspricht. In den Tropen ist das noch akuter.

Demütig bekennen wir, dass uns nur eine liebende, göttliche Macht aus der Ausweglosigkeit unserer Lage erretten kann. Sonst werden wir entweder durch die Unmöglichkeit einer bestimmten Situation gelähmt, oder wir gewöhnen uns an sie und werden hart. Wir sehen im psychologischen Verständnis der menschlichen Natur eine neue Schätzung tieferer Wirklichkeiten aufbrechen, die sicher den Keim besseren gegenseitigen Verstehens in sich birgt. Mir scheint, dass hier ein Ansatzpunkt liegt, eine Stelle, von der aus wir etwas tiefer in jene beiden Forderungen Jesu eindringen, die eben die Gesetze des Königreichs der Himmel sind. Wir müssen mit diesen Geboten der Liebe in Übereinstimmung kommen, oder wir beschreiten einen verkehrten Weg.«

Dieses Bild der missionarischen Situation illustriert gleichzeitig Florence Allshorns bemerkenswerte Gabe, in das Herz der Dinge vorzustoßen. Wesentlich für die Ausrichtung unseres missionarischen Auftrags war ihr die

Echtheit des christlichen Zeugnisses. Ihre Erfahrung in Afrika hatte ihr eindrücklich die Unzulänglichkeit einer konventionellen Christlichkeit gezeigt. Dort war ihr aufgegangen, dass ihr Denken, ihr Bibellesen und, wie sie oft sagte, ihr Singen geistlicher Lieder vielfach keine Beziehung zur Wirklichkeit hatten. Sie hatte auch gesehen, dass das rechte Verhältnis zueinander der Erweis wirklicher Liebe zu Christus war.

Das Verhältnis zu Gott war für Florence von grundlegender Wichtigkeit, denn nur darauf konnte alles andere wachsen. War es geschwächt oder gar zerbrochen, bestand keine Möglichkeit inneren Wachstums. Sie mischte sich nicht ein in die Beziehung einer Seele zu Gott, berührte sie auch nicht mit ungeschickten Händen. Sie stand nur bereit, zu helfen, wo es nötig war, und sie hielt eifrig Ausschau nach den Früchten, die aus einem rechten Gottesverhältnis heraus in der Gemeinschaft sichtbar werden sollten – Demut, Selbstlosigkeit, Überwindung der Kontaktarmut, Ordnung der Gefühlswelt.

Was Florence unter dem rechten Gottesverhältnis verstand, wird am besten aus ihren eigenen Worten ersichtlich. In einer Schrift über Erziehung sagt sie: »Wir finden so schnell bequeme Entschuldigungen, dass wir eben nicht vollkommen seien, und vergessen dabei, dass wir doch aufgerufen sind, *Heilige* zu sein. Heilige sind Leute, von denen Gott Besitz ergriff, und die nun lernen, mit seiner Liebe Freund und Feind zu begegnen. Wie könnten wir anders eine kraftvolle und klare Ausrichtung haben, wenn dieses Lernen gelebter Gottesliebe nicht in der Praxis des Alltags daheim oder draußen den ersten Platz einnimmt?

Nachdem Katharina von Siena (deren Biografien in allen Bibliotheken unserer Seminare sind) Gott gesehen hatte, wurde sie eine der berühmtesten und kraftvollsten

Frauen ihres Jahrhunderts, war unermüdlich tätig, machte weite Reisen und formte mit an dem Leben der Christenheit. Warum stecken wir unsere Ziele nicht in dieser Richtung? Warum spornen wir stattdessen unsere Schülerinnen zu ununterbrochener Aktivität an, ehe wir gewiss sind, dass sie gelernt haben, das Erkannte wenigstens bis zu einem gewissem Grad umzusetzen? Warum machen wir uns ein Gebilde nach dem Muster eines guten, freundlichen Heiden mit einer guten Portion Hingabe an ein religiöses Ideal?

Ich weiß, das klingt nicht sehr freundlich, scheint nicht einmal ganz zu stimmen, und wenige werden es annehmen. Wenn man aber die Ergebnisse einer mittelmäßigen Christlichkeit sieht, kommt man unvermeidlich zu dieser Sicht. Sie kommt auf jeden Fall der Wahrheit sehr nahe, und jede Frau, die für geistliche Erfahrungen aufgeschlossen ist, würde im Gedanken an ihre Ausbildungszeit dasselbe sagen.

Man setzt es als selbstverständlich voraus, dass jede Anwärterin ein lebendiges und fruchtbares geistliches Leben hat, und wir haben die merkwürdige Ansicht, dass der heilige Geist alles für uns tun werde, selbst wenn wir nur gelegentlich darum bitten, und das hundertmal mit kaltem Herzen. Aber die Gnade und Kraft des heiligen Geistes, der uns so reichlich angeboten wird, ist, darüber wollen wir uns keiner Täuschung hingeben, nur die eine Seite. Um ihn zu empfangen, muss Gott uns zeigen, dass unser Wille gereinigt werden muss, wir müssen lernen, uns vom Eigenwillen und seinen Ansprüchen lösen zu lassen. Gottes Geist wird in dem Maß gegeben, als wir uns befreien lassen. Darum wollen wir keine säkularen Ausbildungsstätten mit religiösem Einschlag, d. h. mit Einschieben von Theologie, Anthropologie und Bibelwissen, als wären das Fächer, die erlernt werden können wie

Mathematik. Auf alle Fälle brauchen wir für den zweiten Teil der Ausbildung ein eindeutig biblisch ausgerichtetes Haus – nicht in dem Sinne, dass es von der Welt der Sünder und Weltmenschen getrennt sei – aber wohl muss es eine Gemeinschaft von Menschen sein, die darum ringen, von Gottes Geist erfüllt zu sein, und von hier aus Wege suchen und finden, sowohl in die Welt als auch zu den tieferen, göttlichen Wahrheiten.

Für die meisten ist es ein langer, schwerer Prozess, dies Werden des neuen Menschen, der nicht endende tägliche Kampf, Gott zu finden, ihm näher zu kommen, mehr und mehr zu denken und zu wollen, wie er will, und Teilhaber zu sein an Jesu Erlösungswerk.«

Ein klares Gottesverhältnis muss nach Florence' Ansicht seinen Ausfluss in einer aufrichtigen Liebe zum andern haben. In ihren Augen war der Gehorsam, den ein Mensch Gott darbringen will, immer in der Liebe zu dem uns zugeordneten Menschen sichtbar. Es schien ihr, als würde das Wort »Liebe« stets mit schlechtem Gewissen gedeutet. Unter dem Einwirken der Lässigkeit, der Ablehnung aller Autorität und der Leidensscheu, die das Gefolge des ersten Weltkrieges waren, wurde auch die große, ernste Forderung verwässert zu dem heute vorherrschenden Begriff behaglicher, nachsichtiger Laxheit. Man redete und schrieb über Liebe, aber man machte sich nicht daran, ernsthaft zu erforschen, was Jesus darüber gelehrt hatte und wie er sie auslebte. Wenige nur wagten es, die Kosten solcher Liebe zu überschlagen, dieser Liebe mit ihrer göttlichen Entrüstung, ihrem Mitgefühl, ja auch ihrem Zorn gegen die, die durch ihre Selbstbehauptung andere verwundeten und schädigten.

Alle, die lernten, in täglicher, wachsender und ganzherziger Bereitschaft den beiden großen Wirklichkeiten menschlichen Seins, Gott und dem Nächsten, zu leben, wurden freie Menschen. Sie wurden erlöst von dem Sich-selbst-Verhaftetsein, von allem unzufriedenen »ich will« und »ich möchte«, und wurden mit einem neuen Schwerpunkt außerhalb ihres Seins beschenkt.

Das Kreisen um sich selbst war für Florence das hassenswerte, verkrüppelnde, erdrückende und tödliche Hindernis einer reichen, fröhlichen Lebenserfüllung. Wieder und wieder kommt dieser Gedanke in ihren Briefen vor:

»Erst wenn wir uns dem Gehorsam verschreiben, beginnen wir zu merken, dass wir so, wie wir sind, nie in das reine, freie, überaus begehrenswerte Königreich der Himmel eintreten können. Das Umgestaltetwerden beansprucht eine lange Zeit, weil die Ich-Liebe eingewoben ist in jeden Schlag unseres Herzens, in jede Regung unserer Sinne, in jede Gewohnheit unseres Alltags; langsam und zielbewusst müssen wir zu dem Prozess eines Entleertwerdens Ja sagen lernen. Erst wenn wir demütig werden, sind wir zur Nachfolge bereit, nicht eher. Demütig werden ist der erste Schritt des Gehorsams; sind wir hierin ungehorsam, werden wir Pharisäer, Heuchler und fromme Musterknaben.«

»Ich hoffe, es geht dir gut. Das tut es, wenn wir uns vom Ich befreien lassen, anders nicht. Wenn du das einmal so tief erfasst hast, dass du versuchst, ein wenig danach zu leben, wunderst du dich, warum in aller Welt du so zäh an dem kleinen, aufgeblasenen Ding hängst. Die befreite, klare Freude und der Friede im Herzen sind so kostbar! Ich werde dir keine Ruhe lassen, bis du bereit bist zu diesem Weg.«

Alle diese Lektionen mussten in die Praxis umgesetzt werden. Dabei mitzuhelfen war der Zweck der Ausbildung. Das waren freilich keine Fächer, die theoretisch erlernt werden konnten. Florence wusste wohl, dass ein

Geöffnetsein für Gott und den Bruder etwas ist, das nur gelebt werden kann. Das Herzstück der Ausbildung war Erziehung zum Gebetsleben und zum einsamen und gemeinsamen Bibelstudium. Jede Neigung zu unechter Frömmelei wurde dadurch überwunden, dass der Prüfstein für alles Gelernte das Tun war. Die Seminaristinnen sollten lernen, an Schwierigkeiten zu wachsen (wörtlich: »to feed on difficulties«, ein Ausspruch von J. R. Mott, den Florence gerne zitierte).

»Wenn uns im Lehrerkollegium Schwierigkeiten vorgelegt werden«, schrieb sie einer Mitarbeiterin, »sollte unser Verhalten viel stärker in der Art sein: Nun, so ist die Lage. Was gedenkst du zu tun? – als in dem sympathisierenden Versuch, die Frage für die Schülerin zu lösen. Wir sollten das Ganze in Beziehung zu einem Problem auf dem *Missionsfeld* setzen, wo die Betreffende wahrscheinlich allein sein wird. Solche Gelegenheiten sind der Übungsplatz. Darum begrüße die Schwierigkeiten, die unsere Schülerinnen während der Ausbildung haben. Hilf ihnen, hindurchzukommen mit ihrem Heiland, und lass nicht zu, dass sie sich auf dich stützen.«

Das Seminar bot eine Fülle von Gelegenheiten, das wichtige Gebiet der mitmenschlichen Beziehungen zu praktizieren.

»Hilf der Schülerin, es mit dem Mädchen aufzunehmen, das ihr unsympathisch ist. Gib ihnen eine gemeinsame Arbeit und mache jeder die Eigenart der andern verständlich. Erlaube ihr nicht auszuweichen, bis sie gelernt hat, sich einer Niederlage zu verweigern.«

Das Ziel soll sein, in den Schülerinnen die Bereitschaft zu wecken, ihr Leben lang Lernende zu sein. Gelingt das, ist die Möglichkeit des steten Wachstums keimhaft in sie gelegt. Wenn ein Mensch das Geheimnis lernt, dem Anruf Gottes und des Mitmenschen willig und unmittelbar

Folge zu leisten, so wird ihn jede neue Erfahrung, die das Leben bringt, weiter und tiefer führen.

»Jede Schülerin muss sich als Lernende ausweisen, nicht nur in den akademischen Fächern, sondern in all den kleinen Dingen des Lebens. Die Gefahr ist ja, dass wir so viel an andere weiterzugeben haben und dabei lange vom Besitz zehren können. Aber wenn eine Frau nicht willig ist, ständig zu lernen, so wird sie sich daran gewöhnen, das Vorhandene aufzubrauchen, und langsam austrocknen. Sie wird noch viel weniger Eifer oder Offenheit besitzen, von Afrikanern zu lernen.«

»Warum haben wir so wenige geistlich führende Frauen?«, fragte Florence in späteren Jahren. »Hauptsächlich wohl deshalb, weil bei zu vielen kein inneres Wachstum mehr vorhanden ist. Sie versuchen dann, in einem Zustand geistlicher Unreife komplizierte Probleme und Aufgaben zu lösen, geben enttäuscht auf, und es bleibt nichts als jene bedauerliche Schaufensterauslage einiger geistlicher Artikel, zu denen sie ihre Zuflucht nehmen.«

Leben bedeutete für Florence in außergewöhnlichem Maß ein geschlossenes Ganzes. Deshalb konnte sie sich nicht, wie es häufig geschieht, mit einer akademischen Ausbildung in christlicher Atmosphäre zufrieden geben. »Das genügt nicht, um Lebensführungen in die rechten Bahnen zu leiten.« Sie selbst war sich klar über die Anforderungen, die die oben erwähnte Art der Ausbildung an alle stellt, die sie erteilen. Ihr eigenes Sein muss ja das zum Ausdruck bringen, was sie lehren.

»Alles hängt von der Vorsteherin ab. Wenn diese selbst nicht im lebendigen Umgang mit Gott steht und weiß, dass die Erkenntnis Gottes mit all ihren Auswirkungen in Wort und Tat das wichtigste Fach im Stundenplan ist, wird sie jeden noch so hohen Wissensstand einigermaßen verwässern zu kleinen, jämmerlichen psychologischen

Einsichten und zu der halb traurigen, halb zynischen Resignation ›hoffen wir das Beste‹. Und Halbheit wird weiter das Zeugnis daheim und draußen lähmen und das Feuer des heiligen Geistes dämpfen.«

Das war im Wesentlichen die Sicht, die Florence hinsichtlich der Ausbildung der Missionarinnen hatte. Diese Linie sollte beherrschend sein, und alles andere fände dann in diesem Rahmen seinen richtigen Platz. Praktisch bedeutete es, dass die Heilslehre im Mittelpunkt des Stundenplans stand.

Florence mit ihrem realistischen Sinn hatte keine Verwendung für Leute, die hinausgingen, ohne zu wissen, was sie andere lehren wollten. Sie setzte ihre ganze Kraft ein, um den Schülerinnen, so weit es in der zur Verfügung stehenden Zeit irgend möglich war, eine gute Grundlage in allen Fragen christlichen Glaubens zu geben. Besonders aber sollten sie in der Schrift Bescheid wissen. Sie hielt dabei ebenso intensiv an der Überzeugung fest, dass religiöse Wahrheiten sich nur soweit mit einem Leben verschmelzen, als sie ausgelebt werden. Nie war sie mit einem rein intellektuellen Erfassen christlicher Lehre zufrieden, sie hielt stets Ausschau nach der Umsetzung ins Leben.

Nicht dass Florence akademisches Lernen unterschätzt hätte. Sie erkannte dessen Wichtigkeit für ihre Schülerinnen voll an und beklagte jede Verkürzung des Vorlesungsprogramms. Ebenso lag ihr sehr an praktischer Erfahrung in Jugendkreisen, bei geselligen Veranstaltungen und in sozialer Tätigkeit. Aber sie hielt sich bewusst und zielsicher daran, dass vordringliche Dinge den ersten Platz haben sollten. Oft diskutierte sie die Notwendigkeit eines abschließenden Examens, kehrte aber immer wieder zu dem Standpunkt zurück, dass, sobald die Schülerinnen auf ein Examen hinarbeiten, das ganze Streben stärker nach dieser Richtung gehe auf Kosten des geistlichen Lebens und Wachstums. Auch hier unterschätzte sie nicht den Wert guter Qualifikationen – sie hielt viel davon –, aber sie betonte, dass es keinen Zweck habe, wenn eine Frau einen hervorragenden akademischen Grad besitze, aber nicht mit ihren Mitarbeiterinnen leben könne.

Gott und der Mitmensch waren für Florence die beiden großen Wirklichkeiten, und vielleicht war sie gerade deshalb für die Natur und den weiteren Kreis sozialen Lebens aufgeschlossen. Sie liebte das Leben in seiner Mannigfaltigkeit leidenschaftlich, denn es war Gottes Welt. Alles, was geschah, erregte ihr Interesse. Geschichte, vergleichende Religionswissenschaft, Theorie und Praxis der Erziehung, Psychologie und Anthropologie, Hygiene, Hauswirtschaft, Wochenbettpflege und Fürsorge für das Kleinkind sowie Krankenpflege waren im Stundenplan aufgenommen oder wurden außerhalb des Seminars gelehrt. Bei der kurzen Zeit konnte von alldem natürlich nur das Nötigste vermittelt werden. Es wurde jedoch so unterrichtet, dass die Schülerinnen offene Augen für das bekamen, was in allen diesen Zweigen des Wissens noch gelernt werden könnte, so dass sie gemäß ihrer Veranlagung diese Studien später nach Möglichkeit ausweiten oder – wo es die Arbeit erforderte – während des Urlaubs einen besonderen Kursus in einem der Fächer nehmen konnten.

Die Fragen der Gesundheit lagen Florence besonders am Herzen. Schon während der Ausbildungszeit kann viel getan werden, um kleinen, gewohnheitsmäßigen Leiden beizukommen. Man hatte sehr guten Erfolg mit dem Versuch, eine jüngere Ärztin, die in Übersee gewesen war, für einen Tag mit darauf folgender Nacht ins Seminar einzuladen. Sie gab kurze Vorlesungen über die kleineren, allgemeinen Beschwerden und blieb dann den ganzen übrigen Tag da, um jede Schülerin einzeln zu sprechen. Die verschiedensten Beschwerden stellten sich heraus – Dinge wie immer wiederkehrende Kopfschmerzen, Verdauungsstörungen, kleinere Fußleiden. Die betreffende Ärztin kam am Anfang eines Trimesters, gab Ratschläge und besuchte sie gegen Ende nochmals, um zu sehen, was getan worden war. Frauen neigen dazu, kleinere Leiden zu verdecken. Aber schmerzende Füße, die ein Senkfuß verschuldet, können das Fass zum Überfließen bringen für alle, die im tropischen Klima den größten Teil des Tages zu stehen haben.

Es war sehr vorteilhaft, dass Florence' zweite Spezialität Hauswirtschaft war. Das gab das nötige Gleichgewicht.

»Wir kranken daran«, schrieb sie, »dass das so genannte geistliche Leben vom materiellen aufgesogen wird, deshalb gerade bin ich so gern in der Küche. Das Geistliche bleibt irgendwie unwirklich, wenn nicht Hände und Sinne gemeinsam daran arbeiten, etwas Wertvolles zu schaffen. Wir haben eine Überfülle an Ideen, aber es geht alles nach dem Motto: Man sollte, man müsste, man wird. Wo werden diese Dinge verwirklicht, wenn nicht in kleinen Gruppen, die tatsächlich solche äußeren Dinge gemeinsam ausführen, mögen sie noch so alltäglich und gering sein? Ich komme mir so unfertig und unwissend vor, wenn ich die geschlossene Ganzheit bedenke, die das Leben sein könnte – ich habe im Augenblick eine kleine Abneigung gegen Bücher. Während der ganzen Zeit, die wir mit Schriftstellern und Bücherlesen zubringen, handelt Gott. Das einzige Lebenswerte ist, hinzugehen und dem alles umschließenden Ganzen zu dienen mit Leib, Seele und Geist.«

Zu dienen mit Leib, Seele und Geist – einem einheitlichen Ganzen – das war Florence Allshorn.

Neue Ziele

Ist Erziehung zu einem Leben, wie es Florence vor Augen stand, überhaupt möglich in der begrenzten Zeit von anderthalb Jahren? Niemals, sagte Florence. Sie war deshalb zu der Überzeugung gekommen, dass die grundlegende Ausbildung vor der Aussendung sowie die erste Arbeitsperiode und eine Zeit weiterer Ausbildung während des ersten Urlaubs als geschlossenes Ganzes gesehen werden sollten, und die Church Missionary Society stimmte ihr darin zu.

Ihre Erfahrung hatte ihr die Grenzen gezeigt von dem, was in der kurzen Ausbildungszeit möglich war. »Man kommt in dieser Zeit wirklich nicht weit«, schrieb sie einer Kollegin. »Sie kamen noch nicht ans Ende ihrer eigenen Kraft. Man kann nur behutsam versuchen, sie echter zu machen. Dazu kam so mancherlei, das besser – vielleicht sogar nur – aufgrund tatsächlicher Erfahrung in der Arbeit gelernt werden konnte. Das dringendste Erfordernis war, sich ohne jeden Kompromiss allem geistlichen Versagen zu stellen, das in der ersten Periode des Dienstes offenbar wurde.«

Was Florence in dieser Hinsicht bewegte, findet sich teilweise in folgendem Auszug einer Schrift, die aus jener Zeit stammt: »Im Licht der Erfahrung, die ich im Laufe von zehn Jahren mit jungen, vom ersten Tropenaufenthalt heimgekehrten Missionarinnen hatte, denke ich, sie unterscheiden sich mehr oder weniger durch vier verschiedene Haltungen:

Da sind einmal die Leute, die mit ihrem Leben und Dienst ganz zufrieden zu sein scheinen. Ihr einziges Streben geht ganz einfach dahin, noch besser für ihre Arbeit zugerüstet zu werden.

Eine zweite Gruppe bilden solche, die spüren, dass sie zwar geistliche und aufbauende Arbeit leisteten, aber noch besseres hätten vollbringen können.

Dann wieder kommen Urlauberinnen zurück, die in sich ein tief eingewurzeltes, seelisches Problem entdeckten, das Zweck und Zeugnis ihres Missionsdienstes ruinierte. Sie sind viel häufiger unter uns, als wir zu denken pflegen.

Die vierte Gruppe umschließt alle, die auf Grund eines starken geistlichen Erlebens hinausgingen. Sie lagen zu Felde gegen Fürsten und Gewalten – der Teufel liebt solche Menschen nicht. Sie waren jedoch noch unerfahren in ihrem Leben mit Christus, hatten Niederlagen und empfanden ihre ganze Unzulänglichkeit. Sie kamen heim mit dem Gefühl, sehr armselige Christen zu sein.

Etwas allgemein gefasst passt jede irgendwie in eine dieser vier Gruppen. Ich glaube, die Missionarinnen, die unbefriedigt sind und um ihr Versagen während der ersten Arbeitsjahre wissen, sind die hoffnungsvollsten. Jemand schrieb einmal: ›Die Besten brauchen eine lange Werdezeit – der, der so rasch aufflammt und glänzt, ist ebenso rasch erloschen.‹ Es ist besser, sich um etwas Großes zu mühen und dabei sein Versagen zu empfinden, als sich mit dem Erfolg bei einer einfachen Aufgabe zufrieden zu geben. Es ist auch besser, stark empfundene Nöte im seelischen Leben zu haben und sie zu erkennen. Dann nur kann diese Versuchlichkeit durch den Kampf hindurch näher zum Ziele der eifernden Gottes- und Menschenliebe führen. Starke Empfindungen können sich in starke, treibende Kräfte wandeln.

Der erste Urlaub ist nun die große Gelegenheit, sich mit Gott und Menschen über die geistlichen Fragen zu besprechen, die jedem persönlich in seinem Dienst gegenübertreten. Gott verdunkelte sich ihnen oft im

74

Gedränge der Arbeit. Sie hatten so wenig Zeit. Aber nun haben sie Zeit, und deshalb ist der erste Urlaub von solcher strategischen Wichtigkeit. Wir leiden schrecklich an christlicher Knochenerweichung, leiden auch an einem Christsein, das bei der Bekehrung oder beim Dienst stehen bleibt, während das Ziel vor uns doch Vollkommenheit ist. Wir können es nicht verantworten, Menschen dabei zu lassen, dass sie sich mit Geringerem begnügen als jener hohen Berufung, nach der ein Paulus sich ausstreckte.

Im Gedränge der Schlacht hat der Soldat keine Zeit, viel über seine Taktiken nachzudenken oder seine Waffen lange zu putzen – er kämpft, kämpft, so wie es gerade der Augenblick zu fordern scheint. Nachher, wenn alles vorüber ist, kann er sich mit seinem Vorgesetzten überlegen, wie er in Zukunft Fehler vermeiden und bessere Leistungen erzielen kann. Deshalb muss den heimkehrenden Missionarinnen genügend Zeit zu ruhigem Denken und Überlegen gegönnt werden. Sie brauchen den Menschen, der auf dem Weg geistlichen Erlebens weiter vorangeschritten ist als sie, der nun, wo es nötig ist, helfen kann, verknotete Fäden ihrer jüngsten Vergangenheit zu entwirren, der ihnen Rat und Führung für die Zukunft gibt.

Wenn sie aber stattdessen an diesem tatsächlich kritischen Punkt ihrer Entwicklung sofort durch eine nicht endende Kette von Veranstaltungen absorbiert werden und dabei über ihre Erfahrungen draußen Bericht erstatten sollen, ehe sie Zeit hatten, darüber nachzudenken und sich zu klären, können sie ernstlich Schaden nehmen. Mit einer Versammlung von Menschen vor sich, die erwarten, etwas ›Erhebendes‹ von ihnen zu hören, fühlen sie sich verpflichtet, wirklich Gutes zu bieten. Der Erfolg ist dann meistens der, dass sie des langen und breiten über die scheinbar gelungene Arbeit reden und dabei letzten Endes in Gefahr sind, Fehler durch teilweisen Erfolg zu verdecken.

Nach einigen so verbrachten Wochen sind die Gedanken schon wieder völlig mit ihrer Arbeit beschäftigt. Sie sind nun durch die Freunde daheim in die Heimatseite der Missionsarbeit eingespannt, und die goldene Gelegenheit für eine wirklich zusammenhängende Zeit der Rückschau mit Gott ist entschwunden. Der Rest des Urlaubs wird verschluckt durch die Ansprüche von Freunden, Verwandten und Abschiedsveranstaltungen. Während dieses Getriebes ist es sehr leicht, alles eigene Ungenügen draußen zu vergessen. Vielleicht denken viele überhaupt nicht mehr daran, bis sie auf ihrer Station wieder denselben Nöten gegenüberstehen. Dann plötzlich, wenn sie neu Empfangenes mitteilen sollen, entdecken sie, dass sie nicht weiterkamen. Vielleicht sogar versagen sie an demselben Punkt wieder.

Eine zweite Versuchung des Urlaubs ist genau so gefährlich, wenn auch weniger offensichtlich, als das im Reisedienst der Fall ist. Es ist das Aufgesaugtwerden aller Kräfte durch die rein geistigen oder praktischen Ansprüche der Weiterbildung für ihren Dienst. Beinahe jeder Missionar bedarf einer weiteren Ausbildung entweder in der Kranken- oder Erziehungsarbeit oder irgendeinem Spezialfach. Und es ist wesentlich, dass diese Möglichkeit während des Urlaubs gegeben wird. Aber nie darf die Weiterbildung an Stelle weiterer geistlicher Vertiefung treten. Letztere bleibt unser dringendstes Bedürfnis, und die einzige Hoffnung liegt in der wachsenden Erkenntnis, dass diese Periode geistlichen Zurechtgebrachtwerdens im Lebenswerk der Botschafter Christi von primärer Bedeutung ist.

An dieser Stelle muss auch klar durchdacht werden, was wirkliche Berufung ist. Gehen Missionare hinaus, um an erster Stelle ärztliche Arbeit zu leisten, ist es selbstverständlich, dass die Erweiterung ihrer medizinischen Kenntnisse und die Besprechung mit erfahrenen und tüchtigen Ärzten den ersten Anspruch an ihre Zeit hat. Gehen sie aber, um zuerst Botschafter Christi zu sein und ihn der Welt zu zeigen, dann hat gewiss eine Zeit innerer Prüfung und Wiederherstellung, die ihnen neu seine Herrlichkeit aufleuchten lässt, das erste Recht, und nichts darf an ihre Stelle treten. Auf welche Weise immer sie sich dann bemühen, Jesus Christus zum Ausdruck zu bringen, ob als Ärztin, Schwester oder Lehrerin, die geistliche Erneuerung muss zuerst kommen und alle übrigen Studien danach.«

Florence sah mit wachsender Klarheit, welcher Art Botschafter Christi sein sollten. Sie schrieb die wesentlichen Merkmale nieder: »Sie müssen einen wirklichen Hunger und Durst nach Gott haben und einen Glauben, der wirksam ist. Das große Erfordernis in unserer Zeit sind Menschen, welche die Fähigkeit des Schauens haben. Wir trugen nicht genügend Sorge, dass uns die Propheten und Seher erhalten blieben. Gar zu viele wurden verschlissen durch den Sog der Organisationen und Institutionen.

Im Leben und Dienst sollte etwas von den kennzeichnenden Merkmalen eines Christen zu sehen sein – Demut und Offenheit. Das sind keine Tugenden, die man haben kann oder nicht. Es sind die Bedingungen eines Christenlebens. Zeugen Jesu müssen genügend Disziplin haben, um mit ihren persönlichen Schwierigkeiten und Problemen fertig zu werden. Wenn ein Christenleben kein sieghaftes Leben ist, ist es überhaupt nicht vorhanden. Da nur die beiden Kräfte Liebe und Hass die Welt treiben, muss in den Boten Gottes das Feuer einer Liebe brennen, die sie befähigt, mit anderen in echt christlicher Gemeinschaft zu leben. Diese grundlegenden Dinge müssen wachsen. Dazu sollte eben eine weitere Zeit der Zurüstung während des Urlaubs helfen. Eine Zeit, in welcher auch dem Versagen während der ersten Arbeitsperiode und seinen Gründen in Ruhe nachgegangen wird.«

Die Möglichkeit, etwas Neues in dieser Richtung zu schaffen, begann bestimmte Formen anzunehmen, solange Florence in Selly Oak war. Im Februar 1940 lässt sie in einem Rundbrief die Schülerinnen an ihren Plänen teilnehmen:

»Ich möchte euch weiter dienen mit meiner Erfahrung und aller Fürsorge, die ich für euch hege. Und zwar träume ich von einem Haus an einem schönen, stillen Ort. Ihr könntet jederzeit kommen, um Stille zu haben, zu ruhen, zu lesen, zu plaudern. Ein Ort der Erfrischung und Erneuerung, ehe ihr weiterzieht, zu neuen Kursen und den übrigen Urlaubsabenteuern. Und ich möchte ihn auch für alle in der Heimat zugänglich machen, die einmal einhalten müssen, um Gott wieder neu zu begegnen.

Es ist ein Traum, noch ist keine greifbare Hoffnung auf Erfüllung vorhanden. Aber vielleicht verwirklicht er sich dennoch. Ich glaube, das würde einer Not abhelfen, und es bewegt mich so stark. Vor meinem Blick erstehen ein Haus und eine oder zwei warme, gemütliche Hütten im Garten, weit genug von einander entfernt, um wirklich allein zu sein, so dass ihr, wenn euch danach zu Mute ist, auch mal das Grammophon spielen lassen könnt, ohne andere zu stören. Da wäre ein Raum der Stille, den ihr nach Belieben benützen könntet.

Und viele, viele Bücher jeder Art, und ein Raum für Bastelarbeiten müssten da sein. Ich glaube, je dringlicher der Ruf nach geistlicher Führung, desto stärker bedürfen wir der Einkehr und Wiederherstellung, d. h. der Zeiten, da wir still werden, um Gott zu begegnen. Nicht nur während des ersten Urlaubs, sondern in jedem Urlaub, und nicht nur für Missionarinnen, sondern ebenso für alle kirchlichen Berufsarbeiter daheim, die arbeiten, immer in denselben Geleisen.«

Wie dieser Traum allmählich Gestalt annahm, erzählt Florence in den folgenden Kapiteln.

Ein weiterer, nicht ausdrücklich im eben angeführten Brief erwähnter Gedanke nahm ihre Aufmerksamkeit immer stärker in Anspruch. Seine Verwirklichung wurde das beherrschende Merkmal in dem später unternommenen Versuch in St. Julian's. Seit der Krisis ihres Lebens damals in Iganga hatte Florence neue Unterweisung über die Bedeutung der Liebe empfangen. Jetzt wusste sie sich berufen, abermals einen Schritt vorwärts zu tun, einem weiteren Ziel entgegen. Da es die Not des Durchschnittschristen ist, seinen Weg mit Gott nur bis zu einem gewissen Punkt zu gehen, musste ein Ort geschaffen werden, wo einige versuchten, über jenen Punkt vorzustoßen, an dem die meisten vorzeitig aufhören. Was das in sich schloss, muss Florence selbst berichten.

Vom Kampf und Wunder
der Gemeinschaft

Ursprünge

Florence berichtet: Nachdem ich etliche Jahre in Afrika zugebracht hatte, arbeitete ich zwölf Jahre mit an der Ausbildung junger Missionarinnen. In dieser Zeit wurde mir klar, dass eine zweite Periode des Lernens und Durchdenkens nötig war, sollte das geistliche Ziel, das vor den Ausreisenden stand, lebendig und fruchtbar erhalten bleiben. Last und Hetze der Arbeit drohten ja ständig, die Frage des Wachstums zur Reife in Christus aus ihrer zentralen Stellung zu verdrängen. Ich bin außerdem gewiss, dass ähnliche Schwierigkeiten den jungen Menschen in kirchlicher oder sozialer Arbeit daheim zu schaffen machen, obgleich ihnen vielleicht mehr Hilfe gegeben werden kann.

Die Wunde, die überall in der Welt der Heilung bedarf, wird vielleicht am sichtbarsten durch eine Feststellung, die drei junge Missionarinnen gemeinsam verfassten:

»Wir steckten bei der ersten Ausreise wohl noch ziemlich tief in irgendeinem Idealismus oder waren lediglich von dem Wunsch beseelt, die Arbeit gut auszuführen, wobei wir kaum oder gar nicht bedachten, dass der Aufenthalt in einem andern Land oder die Bezeichnung ›Missionarin‹ nicht genügte, uns dazu zu machen. Die Abschiedsveranstaltungen im großen Kreis der Gemeinde und bei Freunden sowie die Empfangsgirlanden trugen ihr Teil dazu bei, dass wir uns wichtig fühlten. Sie rückten das eigene Selbst groß in den Mittelpunkt des Bildes.

Und dann – Ernüchterung bei der Ankunft, Druck durch Überarbeitung, Mangel an Zeit, Unkenntnis von Sprache und Klima, Müdigkeit ebenso wie Schwierigkeiten in der Gemeinschaft mit den Mitarbeitern. Alles zusammen erzeugte Verwirrung und den Wunsch zu entrinnen. Vielleicht geschah das äußerlich durch eine Flucht in die soziale Tätigkeit und, wo das durch Beziehungen zu den Regierungsbeamten möglich war, in gesellige Veranstaltungen und sonstige Interessen, oder aber man zog sich innerlich in eine Welt unwirklicher Träume zurück. In beiden Fällen bedrückte uns – meist nur halb bewusst – das Wissen, dass wir versagten. Ein Unterschied unter uns bestand allerdings darin, dass etliche ihre Mitarbeiter und die Verhältnisse anklagten, während andere die Schuld bei sich selbst suchten. Einzelne wurden hart, aggressiv oder verschlossen, andere zahm und selbstzufrieden und wieder etliche verwirrt und verloren. Jede Neigung, vielleicht in der Heimat kaum beachtet, kam während der ersten Arbeitsperiode verstärkt zum Ausdruck. Keine von uns dreien war zu einer zweiten Ausreise bereit ohne weitere Vertiefung und Ausbildung. Glücklicherweise blieben wir bewahrt vor einer zu billigen Selbstgenügsamkeit an der Arbeit, die wir geleistet hatten – durch einen kleinen Funken göttlichen Unzufriedenseins mit uns selbst, der während unserer Ausbildung barmherzig in uns gesenkt worden war.«

Das mag durch einen Abschnitt aus dem Bericht über die Erfahrungen einer jungen Missionarin ergänzt werden, der beinahe aufs Geratewohl aus einer Reihe ähnlicher Feststellungen ausgewählt wurde:

»Ich steckte voll hoher Ziele und wollte viele Seelen aus der Finsternis ins Licht führen. Ich war mir bewusst, dass ich im Grunde heiraten wollte und unendlich viel lieber in England geblieben wäre. Aber als ich mich entschlossen hatte, nach Indien zu gehen, glaubte ich, es sei eine aufrichtige Entscheidung für Gott. Ich wollte evangelisieren und erwartete Bekehrungen. Möglich, dass ich mich selbst als den leuchtenden Mittelpunkt sah. Zwar war uns während der Ausbildung viel davon gesagt worden, dass wir stets Lernende seien und das besonders während der ersten Arbeitsperiode. Auch von Geduld und Verstehen hatten wir viel gehört, aber ich träumte von schnellem, sofortigem Erfolg und leichten Siegen. Auch glaubte ich, mich auf Zusammenarbeit zu verstehen. Doch ich merkte, dass ich unfähig dazu war.

Klima, Einsamkeit, Sprache, die Beziehungen untereinander, alles war unglaublich schwer. Es war tatsächlich nichts einfach, so dass ich dem klaren Ergebnis gegenüberstand: Gott oder Versagen. Ich wählte Gott, aber erst Jahre später fand ich heraus, dass das, was ich unter Gott verstanden hatte, eine Mischung von Idealismus und absoluten Grundsätzen war, und dass ich, wenn ich an Jesus-Nachfolge dachte, lediglich meinen eigenen Vorstellungen von ihm huldigte. Ich kam von Indien zurück, voll überzeugt, dass ich Recht hätte und die andern im Unrecht wären. Dass es an ihnen läge und nicht an mir, dass wir zu keiner Gemeinschaft gekommen waren. Ich glaube, ich fühlte mich nicht im geringsten gedemütigt, sondern nur maßlos belastet durch zerbrochene Ideale und zerstörte menschliche Beziehungen. Ohne meine eigene Sünde zu sehen, schob ich alle Schuld auf diejenigen, die mich in jenes Hospital gestellt hatten.«

Wir waren alle beunruhigt über die Mittelmäßigkeit unseres Zeugnisses von der Herrschaft Jesu Christi, und wir wussten, dass der einzige Weg der Überwindung in einer lebendigen Christusbeziehung läge. Glauben, Hoffen und Lieben müssten in unserem Leben echter und klarer verwirklicht werden. Am Beginn unseres Weges mit

Jesus ist unser Wissen um ihn und seine Art zu lieben keimhaft und begrenzt. Wir meinen viel zu schnell, wir wüssten schon das ganze Geheimnis, und halten es für unnötig, uns in jenen Taten des Gehorsams zu üben, die uns für Größeres zubereiten möchten. Ohne sie können wir nicht Empfänger der himmlischen Gnade werden, die allein Blüte und Frucht hervorbringt. Glauben, Hoffen und Lieben – wir lernen darin nie zu Ende, sondern sollen uns in großer Geduld täglich üben, sie immer tiefer zu erfassen. Wir sind ja dazu berufen durch einen Schöpfer, der wohl wusste, wie er uns haben wollte. Wenn wir zu lebendigem Christsein heranwachsen möchten, können wir sie nie als nebensächlich behandeln. Sie sind von überragender Wichtigkeit, und wir dürfen nicht zulassen, dass sie durch ein Heer geringerer Ziele aus unserem Leben verdrängt werden.

Glaube, wie Jesus und die Apostel ihn verstanden, war eine wirksame Waffe »wider Gewalten, wider Mächte und wider die Beherrscher der Finsternis«. Wie immer man die Macht der Finsternis benennen mag, ihre Werke sind offensichtlich für jedermann. Glaube ist eine Waffe, die den Satan entmächtigt. Er ist der Triumphschrei des siegenden Streiters. Wo Glaube ist, bleibt kein Raum für furchtsames Zögern. Sind wir nicht tragisch unwissend über seine wahre Bedeutung? Müssen wir nicht dazu erzogen werden? Es ist eine schmachvolle Entwertung dieser mächtigen, geistlichen Waffe, wenn wir ihre unermessliche Größe darauf beschränken, nur Mittel zur Überwindung kleiner Schwierigkeiten zu sein, mit denen der fern von Gott lebende Mensch ohne jeden Glauben fertig wird.

Ebenso verhält es sich mit der Liebe. Im Grunde unseres Wesens sind wir uns bewusst, dass wir jenen unerschöpflichen Willen zu lieben, der Antwort auf ein Gebot

83

ist, kaum kennen. Wir unterscheiden diese göttliche Liebe nur selten von unserer menschlichen Weise zu lieben. Und vermögen wir es denn, wenn unsere Herzen so zerfressen sind durch den sich selbst behauptenden Egoismus unserer Zeit?

Wir müssen zugeben, dass Nietzsches Wort wahr ist: »Und diese Heuchelei fand ich am schlimmsten unter denen, die behaupten, dass sie die Tugend der Liebe besitzen. Sie ist nur Schein und Mittelmäßigkeit, obgleich sie Liebe genannt wird, und ihr werdet umkommen mitsamt euren kleinen Tugenden. Zu viel Schonung eurer selbst, das ist der Boden, auf dem ihr steht. Aber dass Liebe wachsen könne gleich einem hohen Baum, muss sie starke Wurzeln um harte Felsen schlingen. Oh, dass ihr der halben Willigkeit den Abschied gäbet!«

Ähnlich spricht Dostojewski über die Liebe Jesu: »Solche Liebe ist ein teuer erworbener Besitz; sie zu erwerben, erfordert viel Mühe und lange Zeit. Man zahlt dafür wie für die Freiheit Blut und Tränen. Jesus starb aus Liebe, aber was wissen du und ich davon? Wir, die wir von Liebe schwatzen? Blind für ihre wahre Gestalt beschränken wir sie auf eine armselige, alltägliche Vorstellung von Freundlichsein.«

Dass wir gefordert sind zu lieben und es doch nicht vermögen, schafft eine Ausweglosigkeit, die uns zur Verzweiflung bringt. »Aber«, wie Kierkegaard sagt, »selbst Verzweiflung ist eine Wahl.« Eine Wahl, um die wir uns ständig drücken.

Zu Anfang des Krieges arbeitete ich mit einem Glied unseres jetzigen Gemeinwesens in Selly Oak, wohin das Seminar für Missionsanwärterinnen bei Kriegsausbruch evakuiert worden war. Aus einer Unzahl von Ideen und Erörterungen trat ein Gedanke mit wachsender Klarheit heraus. Es schien kaum einen Ort zu geben, wo man dem

Druck des Lebens, den Anforderungen der Familie oder den mannigfaltigen Versuchungen des Reisedienstes entrinnen konnte. Und doch sehnten sich so viele, die aus harter, verantwortungsvoller Arbeit kamen, nach einem Platz, wo sie in Ruhe mit sich und Gott allein sein und ungestört lesen und beten konnten. Sie mussten Zeit bekommen, um mit anderen Menschen dem eigenen Versagen ins Auge zu sehen, gestörte Beziehungen zu ordnen und den wesentlichen Dingen geistlichen Lebens nachzugehen.

Gleichzeitig brach bei verschiedenen Menschen unabhängig von einander die drängende Frage nach dem Versuch eines christlichen Gemeinwesens auf. In der Vergangenheit hatte Gott einzelne große Persönlichkeiten weithin sichtbar in den Dienst der Liebe gestellt und da und dort durch sie ungute Verhältnisse geändert. Solche Menschen fehlen uns weithin, und Gottes Geist scheint zu der Erkenntnis zu führen, dass heute der Gemeinde in ihrer Gesamtheit ein wichtiges Zeugnis aufgetragen ist.

Deshalb wollten wir ganz schlicht beginnen und eine kleine Zelle christlichen Gemeinwesens schaffen. Ein schwieriges Unternehmen in jener Zeit. Aber, so glaubten wir, wir sollten hier die Frage christlicher Gemeinschaft gleichsam stellvertretend durchexerzieren. Wir holten uns also noch einen dritten Genossen und überlegten miteinander, was wir tun wollten, und wer was tun sollte. Wir planten und warfen alle Pläne bald wieder über den Haufen. Ganz tief verborgen jedoch wussten wir, dass die Sache viel ernsthafter war. Während vieler Monate sahen wir kaum eine Möglichkeit der Verwirklichung, aber wir glaubten, dass der Gedanke von Gott kam. Und eines Tages taten wir den ersten Schritt. Wir unterhandelten mit einem Grundstücksagenten. Nun verbrachten wir unsere freien Tage auf der Suche nach einem geeigneten Stück

Land, wo wir beginnen könnten. Wir besaßen weder Geld, noch erhielten wir damals irgendeine andere Unterstützung, aber der starke Impuls, uns auf die Suche zu begeben, ließ uns nicht los.

1940. Um uns tobte der Krieg. Jeder von uns stand an anderer Stelle, aber wir hielten weiter Ausschau, und Anfang 1941 zogen zwei von uns aus, entschlossen, nicht umzukehren, bis ein geeigneter Platz gefunden wäre. An einem frostklaren Abend kamen wir nach Oakenrough in Haslemere und wussten, dass die Suche ein Ende hatte. Hier war der Ort, wo wir mit unserem Versuch beginnen konnten. Es war ein Haus, das testamentarisch einem Zweck wie dem unsrigen zugesprochen war, so dass wir es mit gutem Gewissen für den Anfang benutzen konnten. Noch eine Vierte war bereit, sich zu uns zu gesellen. Sie wollte das Kochen übernehmen. Die Menschen waren da, der Weg war frei, und in der Osterzeit 1941 zogen wir ein.

Die Probe der Echtheit

Oakenrough, ein Holzhaus, schaut von einer steilen Berghöhe ins Tal. Vom Dachstock aus schweift der Blick meilenweit in die Runde. Diesen Raum verwandelten wir in eine Kapelle, das stille Zentrum unserer Arbeit. Heimelig waren die übrigen Räume trotz aller Einfachheit. Das Haus sollte ja müden Menschen ein Stücklein Heimat bieten. Erwartungsvoll öffneten wir unsere Tür den ersten Gästen. Mehr als sechzehn durften es aus Platzgründen allerdings nie werden.

Bequem zu bewirtschaften war das Haus nicht, und man musste sich ineinander fügen. Aber es lag mitten im

Walde, und die Umgebung war prachtvoll. Die Küche nach Süden zu war voller Sonne. Dort lebten, kochten, erholten wir vier uns und fochten die meisten unserer Kämpfe darin aus.

Die Mehrzahl unserer Gäste waren in jener Zeit kriegsmüde Leute, die Entspannung und Ruhe suchten. Nicht viele Missionare konnten nach Hause kommen, so wurde in Oakenrough zunächst nicht viel aus den Plänen der Fortbildung. Dagegen fanden allerlei Konferenzen unter unserem Dach statt, und das Sekretariat der Church Missionary Society hielt regelmäßig seine Besprechungen bei uns ab und tut das heute noch.

Wir aber, die zu dem neuen Wagnis ausgezogen waren, waren bedauerlich unwissend. Ich denke, das große Hindernis bei uns und andern war, dass wir als Glieder unserer Generation wenig Disziplin und Gehorsam kannten. Wir hegten stattdessen unklare und leidenschaftliche Sympathien für einige wenige und empfanden lebhafte Abneigung gegen andere. Wir redeten viel über Gemeinschaft und Kameradschaft. Aber wir mussten noch den Weg finden, damit aus Worten Taten würden, und wir ahnten noch wenig von dem, was das in sich schloss. Sollen aber unsere verfahrenen Verhältnisse sich wandeln, so müssen Wort und Tat sich zu einer Einheit verschmelzen. Das fordert unsern ganzen Menschen. Es gibt keine stagnierende Errettung, sondern sie führt in nicht endende Bereiche der Erfahrung und stellt uns in immer wechselnde Proben, die mehr und mehr Glauben heischen. Wir können uns gar nicht oft genug ins Bewusstsein rufen, dass das Grundübel in der Trennung von Denken und Handeln liegt, und dass wir aus dem Problematisieren zum gehorsamen Tun gerufen sind. So lernen wir Gott kennen. Das Abweichen von dieser Tatsache ist die Erklärung für die heimlichen Katastrophen unter uns

Christen der Gegenwart. Die Probe aller Proben aber ist die Gemeinschaft, und hier versagen wir aus denselben Gründen. So war es bei uns. Wir verteidigten und rechtfertigten uns bis zu dem Augenblick, da wir uns der Tatsache stellen mussten, dass wir durch unsere Schuld nichts anderes als eine ungeordnete Masse von Einzelwesen waren, von Gemeinschaft nicht zu reden. Zu dieser Erkenntnis müssen wir wohl kommen, ehe wir den Lauf nach einem besseren Ziel überhaupt beginnen können.

Ein weiteres ging uns auf. Gemeinsames Leben in Echtheit und Wärme erfordert Mut. In unserer christlichen Erziehung waren wir mit nichts in Berührung gekommen, das Heldenmut ähnlich sah. Der gottgewirkte Mut der Pioniere früherer Generationen scheint weithin aus dem Blickfeld des Christentums verschwunden zu sein. Man wandelte das Christenleben durch Kompromisse ab in eine recht erträgliche Sache. Aber solch platter Zustand des geistlichen Mittelwegs wird keinen Menschen wachrütteln. Wir brauchen vor uns eine große Schau, die uns einen hohen Einsatz wert ist, bevor wir uns entscheiden können, ihr gemäß zu leben. So bescheiden diese Schau nun am Anfang sein mag, wir sind verpflichtet, ihr treu zu sein und nicht nachzulassen in unserem Lauf, sie zu erreichen.

Wir alle müssen erst entdecken, dass die Weisheit Jesu Christi nicht eine einzelne religiöse Erkenntnis ist, sondern dass es das Wissen des Einen ist, der weiß, woraus und wozu wir geschaffen sind. Die Weisheit, die das Leben Jesu regierte, und ihn zum Erstgeborenen unter vielen Brüdern machte, ist zugleich das Gesetz des Kosmos. Jesus Christus aber ist uns gemacht zur Weisheit. Wir mussten lernen, dass wir nur auf seinem Weg zur Ganzheit unseres Lebens kommen konnten, denn wir sind seine Geschöpfe. Das Gleichnis vom Samen, der in der

Erde sterben muss, damit Frucht wird, ist unausweichlich wahr. Sich selbst absterben ist der einzige Weg zu neuer Geburt. Das ist die geheimnisvolle Weisheit Gottes. Sterben aber erfordert einen unendlichen Mut.

Manche unter uns müssen das vielleicht auf rauen Pfaden lernen, mir selbst ging es so als Missionarin in Uganda. Ich kenne eine Frau, die eine ganze Nacht hindurch weinte, weil sie wusste, dass sie Christus verleugnet hatte. Und solche Erfahrungen lehren junge Menschen mehr als viele Predigten. Dass ich diese Frau war, tut nichts zur Sache. Ich sah jedoch, dass dann, wenn der Mensch sich selbst vergisst und zu Gott schreit, wie immer die Situation sei, die Vorbedingung gegeben ist für das Kommen Gottes. Was ich in jenen sehr harten Jahren erlebte, weckte in mir den Gedanken, an dessen Verwirklichung ich später in unserem Gemeinwesen arbeitete. Die Tatsache, dass ich diese Fragen in bitterer Erfahrung durchlebt hatte, gab mir einigen Grund unter die Füße, um führend bei solch einem Versuch beteiligt zu sein.

Die Menschen, die an unserem neuen Wagnis teilnahmen, waren nicht nach besonderen Befähigungen ausgesucht. Am Anfang wusste ich selbst nicht, was dabei herauskommen würde. Ich wusste nur, wenn es unser Hauptanliegen war, dem Gebot der Liebe zu Gott gehorsam zu sein, mussten wir ebenso lernen, den Weg zum Nächsten zu finden.

Es bestand die Versuchung, dass wir Gott zu lieben glaubten, da wir in einer christlichen Arbeit standen. Doch wir sollten nicht darüber im Zweifel bleiben, ob wir auch dem Mitmenschen in echter Liebe zugewandt seien. Gerade in diesem zweiten Teil des Gebots ist so viel Versagen unter Christen und Nichtchristen. Niemand schien einen Weg aus dem Gewirr der Hemmungen und Hindernisse in unserem menschlichen Miteinander zu finden.

Wir sind ja hier in dem Gebiet ewiger Niederlagen. Der bestmögliche Weg scheint für die meisten noch der zu sein, es resigniert bei dem schwierigen Temperament des andern zu belassen. Ob das nun in der Ehe geschieht oder anderswo, das Ergebnis ist stets dasselbe.

Vielleicht macht das gemeinsame Leben in Übersee, wo zwei oder drei Leute auf einer Missionsstation zusammengespannt sind, die Dinge rascher offenbar. Jedenfalls tritt dort alles unverhüllter in Erscheinung als zu Hause, denn es ist niemand sonst da, den man sich auswählen könnte. Ebenso wenig kann man die, mit denen man nicht auskommt, vermeiden. Obgleich wir nun wussten, dass wir draußen und daheim in der Frage mitmenschlicher Beziehungen mannigfach unterlegen waren, zogen wir fröhlich aus, das Problem zu lösen. Wir waren, wie erwähnt, sehr grün und hatten kaum eine Ahnung, welch echte Selbstlosigkeit von jeder gefordert wurde. Wir waren überladen mit Eigenliebe in einem Ausmaß, das wir erst gewahr wurden, als wir uns in das Wagnis gemeinsamen Lebens eingelassen hatten. Was uns zusammenhielt, war durchaus nicht die Tatsache, dass wir von Natur aus gut miteinander auskamen. Was uns durchhalten ließ, war der Vorsatz, nicht aufzugeben, wenn wir festsaßen, und uns der Niederlage zu verweigern.

Wir waren keine Menschen mit besonderen Fähigkeiten. Soweit ich sehe, hatten wir einigermaßen gleichmäßig unter uns verteilt einen ziemlich hohen Grad von Ordnungsliebe und Schönheitssinn und viel guten Willen in dem Entschluss, den Versuch durchzuführen, ein wenig echte Demut, die Fähigkeit innerer Schau und ein Gutteil Vitalität und Zähigkeit. Dem stand auf der anderen Seite Lässigkeit gegenüber, die sich auf Geist, Gemüt und Betragen erstreckte. Hochmut und gefühlsmäßige Unaufrichtigkeit brachen auf, Eigenschaften, die zum Wesen fast aller Menschen gehören. Wir lernten Unbeständigkeit in uns erkennen und hassen; aber selbst wenn wir uns hassen, ist in uns jene schreckliche Selbstverteidigung, die sich gerade an die Dinge hängt, die wir doch lassen möchten. Bis heute fällt es uns sehr schwer zu sagen: »Meine Schuld, meine persönliche Schuld, meine übergroße Schuld.« Aber wir kamen solchem Bekennen näher, und manchmal gelingt es uns. Das ist die Stelle, an der Dinge zwischen Menschen in Ordnung kommen.

In Wirklichkeit war es so, dass eine unter uns ziemlich nachlässig und unbekümmert war und eine andere genau bis zur Kleinlichkeit. Könnt ihr euch vorstellen, was beide durchmachten, wenn sie gemeinsam anrichten und servieren sollten? Für lange Zeit waren sie in einem ständigen Zustand der Aufregung, und wir wussten immer, wenn sie miteinander an der Arbeit waren. Die Küche schien von unterdrücktem Ärger erfüllt. Aber diese Atmosphäre verschwand, sie fanden den Weg zueinander mitten durch den Widerstreit der Gegensätze.

Nur wenn man weiß, dass es wirklich zielwärts geht, wagt man, sich selbst zu sehen, wie man ist. Man kann dann auch ohne Furcht zugeben, wie man war. Uns wurde in der Gemeinschaft klar, dass das Bild, das wir von uns gehabt hatten, sehr verschieden war von dem, was wir in Wirklichkeit waren. Wir hatten genügend Egoismus und Hochmut unter uns, um für Jahre alles zu ersticken, was gütig und hingebend war. Auch noch manche andere Seelenkrankheit bedurfte göttlicher Heilung.

Die Szene, die sich mir darbot, war nicht so sehr die einer Gruppe von Leuten mit ungöttlichen Eigenschaften als die einer Arena, in der satanische Dinge in uns kämpften gegen alles Gesunde und Göttliche in unserem Leben. Diese feindlichen Mächte wohnten in gewissem Grade in uns allen, und wenn der Kampf entbrannte, strauchelten wir und kamen zu Fall. Wir gingen durch furchtbare Momente der Zerstörung, und manchmal hatten wir keinen anderen Wunsch, als alles aufzugeben und davonzulaufen. Aber wir taten es nicht und lernten im Weitergehen kostbare Lektionen.

Es erfordert einige Anstrengung, jene Anfangszeiten zurückzurufen. Wir planten: A sollte kochen, B führte das Haus, C hatte in Haus und Garten einzuspringen, D nun, D war ich – ich sollte alles leiten, geistlich, geistig und praktisch, bis jeder sich mit einstellte.

A erlebte ein Fiasko als Koch, denn wir merkten, dass ihre Geruchs- und Geschmacksnerven sehr wenig ausgebildet waren. Wir ertrugen verpfefferte oder ungesalzene Speisen geduldig, aber nicht lange. Die Dienste wurden neu eingeteilt, C auf Grund eines früheren Kurzkursus in erstklassiger Küche trat in Aktion und kochte alles, nur dass es in keiner Weise erstklassig genannt werden konnte. Trotzdem, sie schlug sich wacker durch, doch die Küche glich jeden Tag eher einer Unglücksstätte, wenn endlich der Gong zum Mittagessen rief. Es war ein heilloses Durcheinander. A, hilfsbereiten Herzens, warf sich ins Gemenge und stellte täglich wieder Ordnung her. Aber C fuhr fröhlich fort, schmutzige Teller, Tassen und Schüsseln aufzutürmen, als könnte das immer so weitergehen. Auf der anderen Seite jedoch vermehrte sich A's Arbeit und beanspruchte allmählich ihre volle Zeit und Kraft. Die selbstverständliche Inanspruchnahme ihrer Hilfe verleidete ihr die Sache, und eines Tages war der Höhepunkt erreicht. A war dabei, als C sehr fromm mit einer Dritten darüber sprach, dass Liebe Rücksichtnahme bedeutet, und um alles zu krönen, führte C in der Abendandacht noch einmal denselben Gedanken eindrucksvoll aus. A stürmte hinaus, und es ging sehr unrühmlich zu.

Solchermaßen sind die Unheiligkeiten, die eine Gemeinschaft auseinanderbringen können. Keiner von uns änderte damals seine Angewohnheiten sofort. Wir ärgerten uns immer wieder übereinander, denn wir hatten zu wenig Verständnis für unsere gegenseitigen Ämter, die uns zum Teil ja noch recht fremd waren. Diejenigen, die unter diesen Spannungen litten, waren Menschen, die zuvor unter gewöhnlichen Umständen recht gut mit anderen ausgekommen waren. Erst als wir uns weigerten, Kompromisse zu schließen oder uns mit billigem Angleichen auf einer recht oberflächlichen Basis zufrieden zu geben, kam ans Licht, dass wir im Hinterland unseres Gemütslebens und unserer Empfindungen der Herrschaft und der Liebe Jesu kaum Raum gegeben hatten.

Theoretisch wussten wir natürlich genau, wie wir sein sollten, denn wir waren notgedrungen eine Gemeinschaft von solchen, die andere weiterführen sollten. Sie kamen zu uns mit ihren Problemen des gemeinsamen Lebens. Es waren genau auch unsere Probleme, und wir wollten nicht nur theoretische Diskussionen mit ihnen führen, wir wollten echt sein und aus Erfahrung reden, wollten aus selbst durchgefochtenem Kampf den Weg zur Überwindung dessen zeigen, was ihrem Leben den vollen Ton echter Freude raubte. Aber die Unterschiede der Temperamente waren sehr groß, und die entsprechenden Unarten waren durch die Gewohnheit der Jahre tief und eigensinnig eingewurzelt.

Es ist schwieriger, als man meint, vier Frauen, die alle in einer verantwortlichen Arbeit Gutes leisteten, zu einer echt gemeinsamen Arbeit zusammenzuschweißen. In einer Bemerkung aus jener Zeit schrieb ich: »Es wird alles so lebendig – das Bestehen des Herrn Christus darauf, dass er der Weg ist, und sein Gebet: *auf dass sie alle eins seien*. Ich glaube wirklich, dass wir freudige Nachfolger werden in dem Sinne, wie er es für einen Zeugen erbat und erhoffte. Wenn wir für kurze Augenblicke wirklich bei ihm sind, kommt eine tiefe Stille über uns, und wenn wir uns dann gemeinsam an eine Aufgabe begeben, wird unser Tun in neuer Weise schöpferisch. Aber da ist dieses unausstehliche, gewohnheitsmäßige Hängen an uns selbst, unsere matte Liebe zu ihm und dieses törichte Hingegebensein an unsere eigenen Empfindungen, so dass mich manchmal Bestürzung ergreift. Tatsächlich, von dem her betrachtet, was wir sagen, kommen wir uns unaufrichtig und unausgeglichen vor; aber vielleicht bin ich zu ungeduldig.«

Wenn Menschen anfangen, über Lebens- und Wohngemeinschaften zu reden, die sie begründen möchten, sehen wir einander an. Sie kommen uns manchmal vor wie Leute, die nach dem Nordpol ausziehen, ohne zu bedenken, dass sie einen warmen Mantel benötigen. Auf die Gefahr der Wiederholung hin, will ich noch eine Mitarbeiterin von jenen zwei ersten Jahren erzählen lassen:

»Wir waren wohl nicht schlechter und nicht besser als der Durchschnitt, vielleicht werden andere auch zugeben, dass eine solch unfruchtbare Begebenheit wie die folgende sich ereignen kann. Wir schreiben sie nach langem Zögern nieder, denn es ist nicht leicht, obwohl jene Dinge nun weit zurückliegen. Aber wir erwähnen sie, um zu zeigen, dass man solche toten Punkte überwinden kann. So möchten wir Hoffnung weitergeben, denn wir finden tatsächlich, dass der unmöglich scheinende Weg gangbar ist, dass niemand in seinem Suchen nach dem anderen leer und unfruchtbar bleiben muss. Um des christlichen Zeugnisses willen, auf das die Welt einen Anspruch hat, dürfen wir uns nicht mit Niederlagen zufrieden geben und resignieren. Denn es ist eben der unmögliche und armselige Mangel an Kontakt, der so viel einreißt von dem, was wirklich aufbauender Dienst im Reiche Gottes sein könnte. Die Leute scheiden dann entweder aus der Arbeits- oder Lebensgemeinschaft aus und geben ihre Arbeit auf, oder sie machen unbefriedigt weiter mit jenem unglücklichen Gewirr der Unlust im Untergrund ihres Wesens.

Wir hatten ziemlich viel miteinander darüber geredet, was es bedeutet, andere zu lieben, wie Christus uns geliebt hat. Wir konnten recht gedankenvoll darüber reden und meinten es ehrlich. Und doch konnte sich am nächsten Tag folgende Szene abspielen:

A (aggressiv, sehr pünktlich, beherrschend, ohne zu empfinden, wie sie auf andere wirkte, nervlich unausgeglichen, ein Mensch mit schlechtem Schlaf) erscheint in der Küche: ›Die Speisekammer (B's Arbeit) ist in unverantwortlichem Zustand.‹

B (unpraktisch, unordentlich, überempfindlich bei Kritik und schnell in der Defensive): ›Du siehst nie, wenn etwas sauber ist. Ich habe viel Zeit gebraucht, um die Flaschen zu reinigen. Aber alles, was du siehst, ist die Speisekammer ... Heute hatte ich wirklich noch keine Zeit.‹

A: ›Es hat keinen Zweck, weiterzureden. Die Speisekammer ist eine Schande, es ist gegen unsere Ziele.‹

B: ›Nun, gestern war ich in den oberen Räumen. Der Wäscheschrank ist strafbar unordentlich, du bist grundsätzlich ungerecht.‹

A: ›Du nimmst auch gar nichts an, wirst nie etwas lernen und gibst stets dem andern die Schuld.‹

B: ›Wie kann man auch von jemand lernen, der so selbstgerecht ist? Du sprichst wie die Herrin mit ihrem Dienstmädchen.‹

A: ›Es ist sinnlos, du willst eben nicht lernen.‹

So ging's fort. Kleine Gelegenheiten, aber sie vermehrten die gegenseitigen Spannungen. Beide versuchten zu klären, aber es dauerte Monate, bis sie nicht mehr den üblichen Fluchtweg beschritten und den andern als Ursache aller Not anklagten, sondern ihren Anteil an Schuld mit wachsender Klarheit erkannten. Diese und ähnliche Krisen waren der Anfang. Wir waren enttäuscht, verwirrt, verzweifelt.«

Die Tatsache, dass bei solch nahem Zusammenleben nichts verborgen bleiben konnte und alles ans Licht kam, machte den Kampf ganz akut. Wenn Verwirrung und gegenseitiges Missverstehen beinahe unentwirrbar schienen, kamen wir zusammen, sprachen uns aus und fingen wieder von vorne an. Wir beteten, bekamen aber keine Antwort, bis wir unsere Sünde losgelöst von der Schuld derer sahen, die wir anklagten, unsere Gefühlsausbrüche veranlasst zu haben. Wie schon erwähnt, drückten wir uns monatelang um diese Erkenntnis. Langsam lernten wir, die gestörten Beziehungen ins Licht Jesu und von daher auch voreinander zu bringen, so dass andere uns die Wahrheit darüber zeigen und die Fehler beider Seiten aufdecken konnten.

Sobald wir uns den Tatsachen ehrlich stellten und uns um Klärung bemühten, gewannen wir ein neues Verhältnis, das gewurzelt und fest gegründet war, und nun konnte ein gesundes Wachstum beginnen.

Ich erwähnte schon, dass uns von Anfang an ein tieferes Eindringen in die Bedeutung des großen Gebotes Jesu als Grundlage vor Augen stand. Was das praktisch hieß, soll wieder ein Glied unserer Gemeinschaft berichten:

»Jedermann, nehme ich an, baut sein Leben auf Grund eines Bildes auf, das er von sich selbst hat. Einige Menschen entsprechen ziemlich genau dem Bild, an dem sie bauen. Andere gleichen ihm ein wenig und die Dritten gar nicht. Aber niemand kennt sich selbst, bis das Bild an der Verwirklichung scheitert. Dies Zerbrechen der Bilder, die wir von uns selbst hatten, war eine herbe Zeit. Manchmal schien es untragbar. Wir kannten Hass, Bosheit und jenen schrecklichen Wunsch, doppelt zurückzuschlagen, wenn wir verletzt wurden. Wir fanden tief in uns vergraben Schäden, die wir nicht für möglich gehalten hatten. Solch tiefen Groll, dass man wusste, man konnte nicht vergeben, und doch betete man täglich das Gebet des Herrn. Auch das Elend, das der Hochmut verursacht, der Unrecht nicht zugeben will, war unter uns. Und doch zogen wir dies Elend dem Nachgeben vor. Da war giftige Eifersucht, wenn ein anderer gelobt wurde, während man selbst doch klar wusste, was für eine Person das in Wirklichkeit war. Es war uns alles neu, und wir hatten kein menschliches Vorbild. Doch der Spiegel des Neuen Testamentes hielt uns unbeirrbar seinen Maßstab vor.

Wir standen vor der Wahl, entweder grollend zu resignieren oder uns ausdrücklich von Jesus lieben zu lassen und kraft seiner Liebe durch die Schwierigkeiten hindurch auch den Weg zueinander zu finden. Wir waren mit unserer Ehrlichkeit an die Stelle gekommen, an der es unmöglich ist, aus eigener Kraft zu vergeben. Aber wir sagten nie: ›Friede, Friede‹, und war doch kein Friede. Wir wagten allezeit, den Kampf um wahren Frieden gläubig aufzunehmen. Der Teufel oder die Teufel kämpfen am hartnäckigsten, wenn man sie angreift; das bekamen wir zu spüren. Aber seit jenen ersten Jahren zeigt sich uns im Nebel zerstörter Ordnung immer deutlicher ein Weg; wir merken, dass es eine Kraft gibt, die mehr dem wahren Wesen der Liebe entspricht als das, was man gewöhnlich darunter versteht. Wir wissen, dass es für Menschen, die an irgendeiner Stelle ihres Seins Angst davor haben, dass andere ihr wahres Wesen entdecken könnten, keinen echten Frieden gibt, wie immer die Fassade sei, hinter der sie sich verstecken. Wir müssen durch diese Angst vor dem Offenbarwerden hindurchkommen, koste es, was es wolle, wenn wir unserer Generation wirklich eine Botschaft bringen wollen.«

Von dem oben Geschilderten her verstehen wir, dass das Wort, das Fleisch wurde, sich durchaus nicht nur durch Lehren und Unterrichten offenbart, sondern darin, dass wir bei all unserem Tun, sei es noch so gering und äußerlich, in Christus leben. Die Küche (darin lebten wir hauptsächlich) und das Haus waren für uns die Arena, in der wir kämpften und fielen, oder kämpften und siegten; wir waren dort unbewusst Zeugen, doch nur dann, wenn wir uns Christus so überließen, dass er uns lösen konnte von unserem Ich. Wir hatten verschiedene Gaben. Einige in der Rede bei Andachten und in Studiengruppen, andere in der praktischen Arbeit; aber nicht darin lag der letzte Prüfstein, sondern in der tatsächlichen Einstellung und im Handeln, etwa beim Abwaschen oder auch in der Art, wie man an einen anderen dachte, und schließlich darin, ob man bei Differenzen Partei ergriff oder Trennungen heilte.

Man kann in seinem Leiterinnenzimmer oder vor seiner Gruppe sitzen und mit wirklichem Ernst reden, aber die großen Dinge werden nicht nur da gewonnen; Demut, Großherzigkeit, Friedenstiften haben ihren Ursprung in einem Handeln, in einer durch Liebe geleiteten Reaktion. Es geht um ein Erkennen der Wahrheit, das gelöst ist von einem selbst und der eigenen Anschauung, auch in Situationen, in denen die Wahrheit unangenehm für uns selbst ist. Bei wahrer Zusammenarbeit muss man seine natürliche, sich selbst schonende Trägheit und Unachtsamkeit aufgeben, wenn man zum echten Frieden kommen will.

Man kommt in immer neue Lagen, und es ist ein stetes Wählen, ob man den Weg seines Ichs oder den Weg der Liebe gehen will. Man kann nicht durch glänzende Reden, selbst wenn sie um geistliche Dinge gehen, das verdecken, was man in Wahrheit ist. Wir können in der Kapelle ohne Heuchelei nur so reden, wie wir zu Hause leben.

Die Gemeinschaft von St. Julian's

Der zwingende Beweggrund für unser neues Wagnis war das Wissen um die Notwendigkeit erneuerter mitmenschlicher Beziehungen. Ist das Streben nach Gemeinschaft, der Wunsch nach echterem Miteinander, das heute überall aufbricht, ein wesentlicher Bestandteil christlichen Lebens, oder ist es nur eine nebensächliche Ergänzung? In jüngerer Vergangenheit neigten viele dazu, Gemeinschaft zwar als eine bereichernde Folge christlichen Lebens anzusehen, aber nicht als einen unerlässlichen Bestandteil, durch den die Ganzheit des Christseins zum Ausdruck gebracht wird. Die Folge war, dass das gemeinsame Leben sehr häufig entweder aufhörte, christlich zu sein oder zu bereichern. Es stagnierte und verlor allen Glanz. Wir geben zwar zu, dass die tragende Kraft allen echten, gemeinsamen Lebens das königliche Gebot Jesu ist, aber wir weigern uns, in die Tiefe zu steigen und ganz zu gehorchen.

Immer wieder besteht in unseren Tagen die Gefahr, dass der Gehorsam gegen die zweite Hälfte des königlichen Gebots Jesu seinen Hauptausdruck lediglich in humanen Bewegungen findet. Der Wunsch, sozial zu handeln, steht stärker im Vordergrund als Liebe und Verstehen. Wir sind ausgezeichnete Sozialarbeiter, christliche Organisatoren, Ärzte, Schwestern oder Lehrer. Aber wir verloren den sprudelnden Quell der Christusliebe und darum auch »die Gemeinschaft untereinander« (1. Joh. 1,7).

Leute außerhalb der Gemeinde sehen wohl unsere kleinen christlichen Gruppen, unsere Gemeinden, unsere Schulen und sonstigen Tätigkeiten, aber sie vermögen sie nicht mehr als hell strahlende und wegweisende Lichter am dunkeln Ort zu erkennen. Unsere christlichen Komitees, Konferenzen und Vereinigungen sollten alle Lichtzentralen sein durch den heiligen Geist – und so oft sind sie es nicht. Statt: »Wie diese Christen einander lieben«, hören wir: »Ich gehe nie zu kirchlichen Veranstaltungen oder Organisationen, dort ist so viel Klatsch und Neid.« Diese Kritik wäre nicht so schlimm, wenn sie nicht so oft der Wahrheit entspräche.

Jesus sagt: »Wo zwei oder drei in meinem Namen versammelt sind, da bin ich mitten unter ihnen.« Warum erfahren wir die Wirklichkeit dieses Versprechens so selten? Wie kommt es, dass Menschen, die solch guten Anfang machten, zwischen ihrem 30. und 60. Lebensjahr zurückgehen und Macht und Stellung um ihrer selbst willen festhalten? Sie fürchten sich vor dem, was andere denken könnten, und haben Angst davor, ehrlich zu denken und ganz zu leben. Warum geht dieser Prozess so oft bei Christen vor sich, die uns wirkliche Führer sein sollten, und warum gerade in unserer Zeit so auffallend häufig? Warum erzeugt unsere Kirche nicht »Heilige« entsprechend dem, was wir bei der vermehrten Erkenntnis und den reichen geistlichen Quellen erwarten könnten?

Ein Grund liegt ohne Zweifel darin, dass uns die feinen und versteckten Versuchungen modernen Lebens davon abhalten, dem ersten Teil des Gebots – der Liebe zu Gott – gehorsam zu sein. Die Überbewertung der persönlichen

Unabhängigkeit und des Erfolgs im Leben führten uns weit ab von der klar ausgerichteten, einfältigen Liebe zu Gott. Wir ließen eine Vermischung der wahren Werte zu und erlaubten der Hetze und Vielgeschäftigkeit des Lebens, unsern Umgang mit Gott in den Hintergrund zu drängen. Es bleibt keine Zeit mehr für geistliche Erlebnisse.

Ein zweiter Grund ist der, dass uns das moderne Leben aus der Gemeinschaft herausführt in eine Masse von Einzelwesen, weg von wirklichem Kontakt, den wir mit unseren Mitmenschen haben sollten. Die Gemeinde, die Schulgemeinschaft, die Familie, sie alle sind noch vorhanden, aber die Verpflichtung ihnen gegenüber wird immer geringer. Wir können ihnen so leicht entrinnen, wenn wir wollen. Selbst wenn wir als Christen gemeinsam an einem großen Werk arbeiten in Kirche, Mission oder Jugendarbeit, so leben wir meist weder zusammen, noch haben wir in unserer freien Zeit echte Begegnung des einen mit dem andern. Auch hier können wir den Gelegenheiten entrinnen, unsern Nächsten zu lieben wie uns selbst. Wir sind nur selten – vielleicht nie – gefordert, durch wirklich vitale mitmenschliche Beziehungen ins Gedränge mit uns selbst oder miteinander zu kommen, denn es ist niemand da (die Familie vielleicht ausgenommen), dem gegenüber wir uns wirklich verpflichtet fühlen.

Es wurde schon geschildert, durch welche bitteren Erfahrungen und zu welchem hohen Preis wir diese Lektion lernen mussten, als wir ein gemeinsames Leben begannen. Aber wir wussten, dass überall Menschen in denselben Fragen standen. Auch aus diesem Grunde wollten wir ja ein stilles Heim für alle haben, die sich wieder ausrüsten wollten für ihren Dienst in der von vielerlei Mächten bedrohten Gemeinschaft in Übersee. Es entsprach nicht ganz ihren wirklichen Bedürfnissen, zu ihrer einstigen Ausbildungsstätte zurückzukehren und wieder Schülerin unter Schülerinnen zu sein. Die junge Missionarin sollte ja erfahrener und reifer werden, denn der Grund für weitere Ausbildung war ein Zukurzkommen in den Aufgaben gewesen, zu denen sie gerufen worden war. Sie konnte jedoch ihre Gedanken nicht eindeutig auf das richten, was sie nicht war, wenn die noch in der Ausbildung Stehenden um sie her zu ihr aufsahen und das bewunderten, was sie war. Wir mussten also ein Zentrum für reifere Menschen haben, dort konnte es auch zu Begegnungen mit solchen kommen, die in andersartiger Arbeit standen, d. h. mit kirchlichen und sozialen Arbeitern der Heimat und womöglich mit Gästen aus anderen Ländern.

Dass unsere Vermutung richtig war, zeigte die Tatsache, dass Frauen jeden Alters zu uns kommen, und dass wir schon zweimal in ein größeres Haus ziehen mussten. Unser Haus ist immer voll, und viele haben sich schon Wochen vorher angemeldet. Die Zahl derer, die für längere Zeit kommen, nimmt ständig zu, ja eine Missionsgesellschaft legt so großes Gewicht auf diese vertiefende Weiterbildung, dass sie längeren Urlaub gibt, um sie zu ermöglichen. Das schien zuerst kaum möglich bei der Dringlichkeit der Aufgaben draußen, doch wich diese Sorge der weitschauenden Einsicht, dass ein Jahr, das für die oben erwähnte weitere Ausbildung weise genutzt wird, von hervorragender Wichtigkeit im Leben und zukünftigen Dienst der Missionarin ist. Der junge Mensch unserer Tage, ob Mann oder Frau, hat nichts von der Charakterfestigkeit der älteren Generation, und das muss in Rechnung gesetzt werden. Unsere Jugend lebt in einer schwierigeren Welt als wir einst. Sie braucht Zeit, einen Ort zum Stehen zu finden. Eine kurze, grundlegende Ausbildung allein schafft das bei den allermeisten nicht.

Auch junge Männer empfinden die Notwendigkeit weiterer Zurüstung; nur ist die Zahl derer, die Gelegenheit dazu haben, weit kleiner als bei den Frauen.

Wir wurden allerdings manchmal gefragt, warum solche, die eine Bekehrung erlebten und geistliche Erfahrung haben, weitere Ausrüstung brauchen. Hierzu ist zu sagen, dass es als Ausnahmen solche Menschen gibt, die eine frühe geistliche Entwicklung hatten und ihren Weg durch Schwierigkeiten zu finden vermögen dank einer inneren Festigkeit und Reife, die den meisten unter uns abgeht. Die Erfahrung lehrt jedoch, dass das nur eine Handvoll Menschen ist im Vergleich zu den vielen Hunderten, die ohne Hilfe kein festes Lebenszentrum finden.

Will das besagen, dass die christliche Erziehung in der Vergangenheit unzureichend war? Zweifellos. Man beschäftigte sich in letzter Zeit in steigendem Maße mit der Erziehung von Leib, Seele und Intellekt. Aber hinsichtlich der geistlichen Erziehung trat nichts von diesem Eifer in Erscheinung. Und doch müsste diese Hand in Hand mit dem ganzen Leben gehen; es geht ja um das Gestaltgewinnen des lebendigen Geistes in uns. Und gerade diesem wesentlichen Teil des Menschen stellen wir es anheim, nur gelegentlich etwas aufzupicken, das ihm weiterhelfen soll. Doch das mittelmäßige Christentum um uns herum zeigt deutlich genug, dass wenige ihr geistliches Leben in dieser sprunghaften Weise zu ernähren vermögen. Unser Geist muss geschult werden durch alles, was auf uns eindringt, aber ohne Hilfe und Anleitung wirken die eindringenden Kräfte oft verwirrend anstatt aufbauend.

Alle, die das christliche Zeugnis ernst nehmen, müssen betroffen sein über die vielen unreifen Christen unserer Tage. Die meisten kommen nach einer Anleitung vor der Konfirmation oder einem Anstoß der Gedanken und

Gefühle durch Predigten dahin, dass sie glauben, wenn sie regelmäßig zum Abendmahl gehen, sei alles in Ordnung. Sie erhalten wenig Führung, wie sie ihre äußeren Gehorsamstaten und ihr inneres Erleben zu einem organischen Ganzen verschmelzen können. Infolge mangelnder Anleitung im Bereich geistlicher Erfahrung kommt es zu einem Stillstand des Wachstums. Langsam gleiten sie in den Zustand innerer Unlebendigkeit hinein.

Vielleicht hat es noch keine Zeit gegeben, in der in gleichem Ausmaß die Aufnahme unverdauter Dinge mit feinem, aber abstraktem und leerem Denken verbunden worden ist. Wir ergaben uns dem Intellektualismus, und geistliches Wachstum wurde als selbstverständlich vorausgesetzt. Der Disziplin, dem sozialen Verhalten und der Korrektur falscher Gewohnheiten zu Gunsten eines kräftig pulsierenden, gemeinsamen Lebens und Schaffens wird eine viel geringere Aufmerksamkeit gewidmet als der intellektuellen Belehrung.

Verschiedene Gründe führten zu einer Taktik der Erziehung, der besonders daran liegt, eine Fülle von Kenntnissen und Fächern zu vermitteln. Infolgedessen stellt sie eine intensive Schulung zu grundlegendem christlichen Gehorsam sowie eine letzte klare Ausrichtung zurück. Die Betonung liegt zu sehr auf der Aneignung einer formulierten Wahrheit, anstatt den Lernenden Mut zu machen, selbst geistliche Wahrheiten zu entdecken. Jede Ausbildung, die glänzende Examina nicht an den ersten Platz stellt, gilt in den Augen der Welt als verfehlt. Und die Kirche neigt viel zu sehr dazu, die Dinge nach einem weltlichen Maßstab zu beurteilen.

Woher kommt es, dass die Kirche in der Frage geistlicher Erziehung so wenig Hilfe zu geben vermochte? Sie besitzt ein wundervolles Erbe christlicher Lehre, der viel hingebende Auslegung gewidmet wird. Vielleicht aber wird übersehen, dass Lehre und Erfahrung in wechselseitiger Beziehung stehen müssen, und dass wir uns eine Lehre nur dann wirklich aneignen, wenn wir willig sind, sie im eigenen Leben zu erproben. So kann es geschehen, dass wir in der Bereitschaft zu Buße und Demütigung, die das Tor zum Eingang ins Himmelreich sind, an einem einzigen Tag tiefer in die Bedeutung der Inkarnation sowie des Lebens, Sterbens und Auferstehens Jesu eindringen als in ungezählten Diskussionen. Die vollständige Bewegung der Erneuerung ist Buße, sie allein bringt uns in das richtige Verhältnis demütigen Gehorsams Gott gegenüber, zur echten Menschwerdung, d. h. zur Annahme Jesu Christi und seiner Vergebung; zum Leben in der Nachfolge Jesu, die zum Sterben unseres Ichs führt; zur Auferstehung, also zum neuen Leben in Kraft des heiligen Geistes. Diese Vorgänge müssen in unserem Leben zu einer Ganzheit werden.

Wer erlebte, welche Befreiung die Bereitschaft zu sterben in uns schafft und welche geistlichen Kräfte dadurch in uns frei werden, der weiß, dass es sich um eine echte Erfahrung handelt. Die Folge ist stets ein wenig mehr Licht, so dass Gott und nicht das eigene Ich in Herz, Gemüt und Leben verherrlicht wird. Das mag vielen selbstverständlich sein, aber damit komme ich auf den Ausgangspunkt zurück. Es kommen Christen zu uns, die diese Zusammenhänge einer Ganzheit nie kennen lernten. Weder zahlreiche Predigten noch der treue Gebrauch des Abendmahls müssen notwendigerweise Wahrheiten in uns lebendig machen. Wenn uns einmal aufgeht, was unverwässertes, biblisches Christsein heißt, erkennen wir uns als die blindesten Geschöpfe auf Erden.

Die Wurzel aber, aus der die Schwachheit modernen Christentums sprießt, ist Hochmut. Wir Christen und Jünger Jesu nehmen den Hochmut nicht ernst genug, der Teufel aber tut es. Er weiß, solange er die Menschen durch ihren Hochmut in der Hand hat, tut es nichts zur Sache, wie viel Gebetsgemeinschaften und Gottesdienste stattfinden oder wie viel Hingabe vorhanden sein mag; er kann dennoch früher oder später jede Gruppe von Christen durcheinander bringen und damit ihr Zeugnis an die Welt verhindern. Für die Zwecke des Teufels ist ein hochmütiger Christ ungleich nützlicher als ein Atheist oder Heide.

Die verschiedenen Schattierungen des Hochmuts zeigen sich in persönlichem Ehrgeiz und Machtstreben oder ganz einfach in der Unabhängigkeit des Geistes, die nicht angetastet werden darf, in Selbstgenügsamkeit und Stolz auf unseren christlichen Charakter. Hochmut steht der einen unerlässlichen Notwendigkeit geistlichen Wachstums: »nicht ich – sondern Christus« diametral entgegen. Wir haben sogar das Wort Demut seiner wahren Bedeutung entkleidet und wollen nicht sehen, dass wir auf Sand bauen, wenn wir einen Hochbau des Christentums ohne die Grundlage echter Demut bauen.

Wo liegt die Lösung?

Einmal in der Rückkehr zu einem aufrichtigen, einfältigen Verlangen, Gott den Vorrang zu geben. Das zeigt sich in unserer Zeit darin, dass wir täglich ihm Raum geben, und zwar ganz konkret in einem Stückchen Zeit, das in besonderem Sinne Gott gehört – und zwar so gehört, dass er die Möglichkeit hat, zu uns zu reden. Von daher erst können wir in echter Liebe Wege zueinander und zu wahrer Gemeinschaft finden, da wo wir hingestellt sind. Das bedeutet jedoch nicht immer, dass wir neue Gruppen schaffen, wohl aber sollen wir die bestehenden aufbauen, und in Schule, Universität, Gemeinde und Gesellschaft unser Verhältnis zueinander natürlicher und wärmer werden lassen.

Es heißt weiter, sich nicht zufrieden geben mit Oberflächenberührung, sondern Zeit schaffen, damit einer den andern kennen lerne. Es bedeutet auch das Erkennen und

Anerkennen einer Zusammengehörigkeit, da einer dem andern zugewiesen ist in Jesus Christus.

Zum dritten schien es uns, dass wir gewisse Gruppen brauchen, die Bahnbrecher gemeinsamen Lebens sind, neue Wege versuchen und dazu anregen. Diese sollten die Stabilität haben, die nur ein festes Zentrum zu geben vermag. Gleichzeitig müssen sie den Kontakt mit der Welt in allen Zweigen haben. Dieses »spezialisierte Gemeinwesen« muss eine Eintrittsbedingung haben. Es bedarf keiner Besitzlosigkeit, aber die Armut im Geist muss vorhanden sein, die Bereitschaft zu geben, sich mitzuteilen, persönlichen Stolz und Ehrgeiz zu opfern, unsere Gaben und was wir erreichten, anderen zur Verfügung zu stellen, ebenso wie einst die ersten Jünger unabhängig sein sollten von ihrem Besitz.

Mancher hat uns schon gefragt, auf welche Weise wir unsere Erfahrungen weiteren Kreisen vermitteln. Wir hatten in jedem Jahr von Zeit zu Zeit mindestens 300 junge Menschen unter uns. Die meisten arbeiteten mit uns und nahmen an unseren Studienkreisen und Diskussionen teil. Einige aus dieser Schar bildeten wieder Gruppen, die viermal im Jahr zu langen Wochenenden und außerdem noch einmal zu einer vollen Woche zusammenkamen. Es gibt ungefähr 80 Glieder solcher Gruppen, mehr als die Hälfte sind Missionsleute, die in alle Weltteile gehen und alle ein kleines Gebiet erreichen werden, in dem sie arbeiten. Die übrigen gehen zurück in Schulen, Universitäten, Hospitäler und Büros. Sie alle nehmen die gleichen Anregungen mit aus den Bibelarbeiten, die uns durch die verschiedenen Bücher der Bibel führen, und ebenso den Anruf, Geschautes und Gehörtes ins praktische Leben umzusetzen. In unseren Bibelarbeiten nehmen wir jeweils einen kürzeren oder längeren Abschnitt vor und beschäftigen uns damit die ganze Woche hindurch und nicht nur einen

Tag, wie es sonst oft geschieht. Natürlich treten die Bibelarbeiten nicht an die Stelle des täglichen Bibellesens.

Kehren die Teilnehmer solcher Kurse in ihre Welt
zurück, nehmen sie ein neues Brennen und Bewegen der
Liebe mit in ihr Leben hinein. Moral kann uns im Stich
lassen, Liebe nicht. Sie ist nicht endende Heiligung. Solche
Liebe wird nie fertig, sondern spricht immer: »Ich jage
aber nach ...« Die Liebenden selbst merken ihr Wachstum
kaum, und doch ist Liebe dynamisch. Jede kleine Tat
der Demut und des Selbstvergessens wirft Licht auf den
nächsten Schritt und weist nach vorn. Das ist erfahrene
Tatsache, die wir nur in aller Demut bezeugen können.

Manchmal begegnet uns die Kritik, dass wir außerhalb
der Welt leben. Aber niemand, der seiner Familie dient,
steht damit außerhalb der Welt. Unsere Familie kommt
und geht, wie es in den meisten Familien mit erwachsenen
Kindern der Brauch ist. Und sie will versorgt sein.
25 Menschen möchten täglich essen, 25 Schlafzimmer
müssen genau so wie das geräumige Haus in Ordnung
gehalten werden. Kursteilnehmer, Gäste und Mitarbeiter
möchten sich aussprechen oder wollen bei ihren Studien
angeleitet und beraten werden. Einkäufe, Waschen, Kor-
respondenz, Flicken und all die hundert unscheinbaren
Dinge, die getan sein wollen, beanspruchen Zeit. Kaum
finden wir eine Möglichkeit, um einmal eine besondere
Konferenz unseres Gemeinwesens anzusetzen, falls
das nötig ist. Wir sind genauso beschäftigt wie andere
Menschen auch, denn wir stehen in einem Dienst, der uns
ganz beansprucht, und haben unser Ziel konsequent zu
verfolgen, wollen wir nicht durch alle Anforderungen
des Tages auf die Linie des geringsten Widerstandes
abgedrängt werden.

Der Teufel ist hier genauso geschäftig wie überall in der
Welt und unausdenkbar listig in all den Versuchen, durch

die er uns davon abhalten will, ihm abzusagen. Ich arbeitete in meinem Leben schon an mancherlei Orten, in den Armenvierteln, auf dem Missionsfeld, in Seminaren und Büros, und ich fand ihn nirgends beschäftigter als hier. Wir sind geneigt, unter »Welt« Autobusse und Straßenbahnen, Büros, Schulen und Krankenhäuser zu verstehen, aber die »weltliche Gesinnung«, der Feind alles geistlichen Lebens, ist hier wie andernorts unglaublich schwer zu überwinden.

Wenn der ganze Tag mit kleinen Dingen ausgefüllt ist und dann ein Mensch unserer Gemeinschaft oder außerhalb derselben uns irritiert und drohend am Horizont unseres Tages steht, ist es schwierig, die Schau dessen, was wir möchten, lebendig zu erhalten.

Oft wird uns gerade in solchen Zeiten gesagt, wir seien in Gefahr, einseitig zu werden und wüssten zu wenig, wie die Welt sei. Aber das Leben im Haus und auf der Farm, im Kinderheim und auf den dazwischen liegenden Feldern schaffen eine weltnahe Existenz, und die Leben derer, die kürzer oder länger unter uns weilen, gehen in das unsere ein, weiten und bereichern unsere Erfahrungen ständig.

Unser Gemeinwesen begann während des Krieges. Im Grund unseres Herzens lag ein Sehnen, Wege zu finden, die dem Frieden dienten. Es ergab sich, dass wir eine Frauengruppe waren. Wir hoffen aber, dass uns auch noch der Mann zugeführt wird, der sich dann für männliche Glieder unseres Gemeinwesens verantwortlich fühlt. Die Vollmitglieder desselben erhalten kein festes Gehalt, sondern nur ihren Unterhalt und ein kleines Taschengeld. Es ist aber für Männer schwieriger, ohne Gehalt zu arbeiten. Einer jedoch wagte es, diesen Frauenkreis zu durchbrechen und verlobte sich mit einem unserer Mitglieder. Damit müssen wir die Frage ihres Unterhalts ins Auge fassen. Es ist wohl möglich, dass in dem Wagnis erneuerter mitmenschlicher Beziehungen Frauen die besten Bahnbrecher sind. Trotzdem kommen viele Männer, um zeitweise das Leben in Haus und Farm mit uns zu teilen.

Unsere Gäste, die an der praktischen Arbeit teilnehmen, merken rasch, dass wir gute Arbeit erwarten, und manchmal fragt man uns, was das mit geistlichem Leben zu tun habe, zumal nicht jeder praktisch veranlagt sei. Nun, alle können lernen, auch in den kleinen Dingen alltäglichen Lebens ein gewisses Ziel zu erreichen; außerdem erfordern das Friede und Schönheit unseres Heims. Gutkind sagt einmal: »Der Friede in den höheren Regionen unseres Lebens kann nicht bestehen, ehe in den unteren Schichten Ordnung herrscht.« Unser Leben ist eine Ganzheit. Daher können wir nicht in einem Teil unseres Selbst nachlässig sein, ohne den ganzen Menschen zu gefährden. Die Qualität der vollbrachten Arbeit ist der Ausfluss einer inneren Einstellung. Die Zimmermannsarbeit Jesu war gewiss nicht nachlässig oder halb fertig.

Wir kommen in einem Raum, der ordentlich und gut gehalten ist, schneller zur Ruhe, während ein Raum, der unordentlich ist und dessen Möbel verstaubt und verschmiert sind, zerstreuend auf unsere Sinne wirkt. Es ist leicht, sich in Gefühlen über Schönheit zu ergehen, aber unsere Schönheitsliebe ist unecht, wenn wir nicht da, wo wir sind, ein Stücklein Schönheit schaffen. Einige von uns lieben die Schönheit nur in einem bestimmten Gebiet, etwa in der Natur oder in der Kunst, aber dabei bleibt es auch. Doch gibt es eine Reichweite künstlerischen Schaffens und eine Möglichkeit, schöpferisch zu gestalten, die sich auf alles erstreckt, was wir tun, und die an jedem Ort betätigt werden kann.

Wenn uns Leute sagen: »Ich bin eben unpraktisch«, stellen wir sie an eine praktische Arbeit. Durch ihre Erfahrungen in Haus und Studiengruppen und durch das

Vorbild lernen sie sich freuen an dem, was sie in praktischen Dingen leisten. Jedermann erreicht ein gewisses Maß an praktischem Können. Natürlich geht es nicht bei allen gleich rasch. Die Lehrerin zum Beispiel, die bis dahin ausschließlich unterrichtete, oder ein unpünktliches, lässiges Menschenkind, das denkt, alles sei recht, wenn es nur getan sei, sie spüren bald, dass im Alltagstun ein neues Stück ihres Wesens geweckt wird – ein Sinn für die Schönheit der Ordnung und die Freude an ihrer Hände Werk. Hand in Hand damit geht die Befriedigung gemeinsamen Schaffens, dank dessen das Ganze etwas Vollkommenes wird zum Wohl all der Menschen, die in unserem Hause zur Ruhe kommen möchten, und die oft aus Häusern kommen, in denen stets zu viel zu tun ist und nur eine Frau, die alles bewältigen soll.

Ein Plan wird Wirklichkeit

Wir waren noch nicht lange in Oakenrough, als wir wegen Raummangels gar viele abweisen mussten, die dringend einer Entspannung oder Weiterführung bedurft hätten. Daher überlegten wir, ob eine Erweiterung oder ein Umzug ratsam waren. Noch dachten wir nicht an ein Heim für Kinder oder eine Vergrößerung des Gemeinwesens – und das einzige Anzeichen einer Farm waren die Kaninchen und Ziegen.

Doch kaum hatten wir den Gedanken weiteren Wachstums Raum gegeben, geschah eines nach dem andern. Beim Lesen der Zeitung entdeckte eine von uns das Bild eines Hauses, das zum Verkauf ausgeschrieben war. Wir erkundigten uns nach dem Preis und erfuhren, dass die

Summe für das Haus 15 000 £ betrug. Zwar besaßen wie alle zusammen nicht mehr als etliche hundert, trotzdem fuhren wir nach Barns Green und besichtigten das Anwesen.

Vom ersten Augenblick an schien es uns die Antwort auf unser Fragen zu sein. Glücklicherweise war um jene Zeit der Bischof von Worcester bei uns sowie etliche Freunde, die sich auf Finanzen verstanden. Sie berieten uns in geschäftlicher Hinsicht. Andere, die es gut mit uns meinten, rieten uns dringend, keine so große Verantwortung in so schwerer Zeit (1943) zu übernehmen. Doch einige Männer und Frauen des Glaubens ermutigten uns, den Schritt vorwärts zu tun.

Uns selbst erschien das ganze Unternehmen beinahe zu groß. Und doch glaubten wir, alles tun zu müssen, was möglich war, und nur darauf zu achten, ob uns plötzlich ein Halt geboten wurde. Es geschah nie. Jedes beunruhigende Hindernis, das vor uns auftauchte, wurde in erstaunlicher Weise überwunden. Wir hatten außer unserem geringen persönlichen Eigentum keine Möbel, keine Bestecke und keine Bettwäsche, da uns in Oakenrough alles geliehen worden war und selbstverständlich mit dem Haus zurückblieb. Wir hatten praktisch auch kein Geld, um nur ein wenig von dem zu kaufen, was erforderlich war.

Und doch geschah das Unmögliche: Im Mai 1943 lasen wir die Anzeige, und Ende August desselben Jahres zogen wir ein. Ein kleiner Verwaltungsrat, dessen Vorsitz der Bischof von Worcester hatte, wurde eingesetzt, und wir fanden uns im Besitz von St. Julian's Barns Green, das wir hypothekarisch für die Summe von 12 500 £ gekauft hatten.

Und immer noch geschahen Wunder. Möbel wurden großzügig geliehen, reichliche Gaben von Bestecken, Porzellan und Bettwäsche füllten die leeren Schränke. Wir selbst zogen auf Auktionen und wurden vertraut mit fast allen Althändlern in der Nachbarschaft. Freunde halfen und schenkten in freigebigster Opferbereitschaft, und ehe das Jahr zu Ende ging, wussten wir, dass der einstige »Plan«, wie wir unsere Idee genannt hatten, in unserem Gemeinwesen Gestalt gewonnen hatte. Unser Heim aber nannten wir nach dem alten Sussex-Heiligen, der um seiner Gastfreundschaft willen bekannt geworden war, St. Julian's. Diesen Namen behielt es bis heute.

»Es kam alles.« Mitten im Krieg stand sogar eines Tages ein Mann am Eingang mit der Frage, ob wir keinen Gärtner benötigten. Gewiss taten wir das! Schon lange hatten wir danach ausgeschaut. Dieser Mann und sein damals zehnjähriger Sohn gehören noch heute ganz zu uns als Helfer, wo immer ein praktischer Mann gebraucht wird.

Unser Haus sollte auch ein Heim sein, in dem müde gewordene Menschen zur Ruhe kommen konnten. Wir nahmen deshalb keine Kinder mit den Gästen auf. Ein Kinderheim hielten wir für unmöglich. Doch eines Tages stand das benachbarte Anwesen zum Verkauf. Alles schien ideal für Kinder.

Fragen bedrängten uns: Wie können wir es kaufen? Womit möblieren? Wo waren die Menschen, die das Heim führen konnten? Wie sollte es finanziert werden? Aber wir hatten ja schon erfahren, auf welch wunderbare Weise Fragen, die unlösbar schienen, beantwortet wurden. So gingen wir ans Werk, und eines nach dem andern geschah, bis 1946 das Kinderheim die ersten Kinder aufnehmen konnte. Heute ist es überfüllt während der Ferien und das übrige Jahr hindurch gut belegt. Das Wunder war, dass uns auch hierfür nacheinander die rechten Menschen zugeführt wurden – zuerst ein Missionar mit seiner Frau aus Afrika, die das Haus zu einem Heim gestalten konnten, so dass es ein glücklicher und froh machender Teil des Ganzen wurde.

Der Krieg ging zu Ende, und mehr Missionare kamen vom Urlaub nach Hause. Sie kamen nach einer Zeit der Erholung zu uns, arbeiteten mit uns, nahmen an unseren Studiengruppen teil und blieben zum Teil für Wochen, Monate oder ein ganzes Jahr. Viele hielten diesen Aufenthalt für den wertvollsten Teil ihres Urlaubs. Noch einmal wurde der Raum zu eng, unsere Gäste mussten ständig umziehen, damit alle, die kamen, irgendwie untergebracht werden konnten.

Unsere Gemeinschaft von St. Julian's war von vier Menschen auf zwölf angewachsen, die Vollmitglieder waren. Wir fingen nach einiger Zeit an, Leute für ein Jahr oder länger als Anwärter aufzunehmen, ehe sie endgültig der Gemeinschaft beitraten. Und gegen Ende des Aufenthalts in Barns Green hatten wir Aufnahmegottesdienste sowohl für die Anwärter als für die, die Vollmitglieder wurden.

In Barns Green konnten wir auch etwas größere Konferenzen unterbringen, und während unserer Zeit dort hatten wir Besuche aus Amerika, Afrika, China, Holland, Indien, Frankreich, Griechenland und der Schweiz. So blieben wir in Berührung mit dem internationalen Leben der Christenheit und ihrem Denken. Doch die Raumfrage wurde immer bedrängender.

»Spanne deine Seile weit«, schien die Forderung zu sein, aber noch konnten wir uns nicht entscheiden, auch nur suchend Umschau zu halten. Da geschah es wieder – jenes Geführtwerden im Alltag! Im Oktober 1949 entlief uns ein Hund, und nachdem er 24 Stunden ausgeblieben war, gingen wir noch am Abend auf die Suche. Wir kamen dabei an einem Anschlag vorüber, der einen ganz verborgen und abseits der Straße liegenden Besitz zum Verkauf ausschrieb. Er bestand aus 460 Morgen Land, einem See, zwei Farmhäusern und 13 Hütten. Am folgenden Tag gingen zwei von uns zur Besichtigung, und es wurde uns beinahe sofort klar, dass dies unser nächstes Heim werden könnte.

Das Haus war größer als Barns Green. Es besaß drei Stockwerke, der Blick ging von der Terrasse über die Rasenfläche, den schimmernden See und die offenen Felder bis hin zu den South Downs. Allenthalben schien es zu wispern und zu raunen von Möglichkeiten und Vorschlägen. Der Küchengarten allein konnte unsere weit verzweigte Familie einschließlich des Kinderheims ernähren. Stauden und leuchtende Blüten säumten die Wege, und die zahlreichen Obstbäume versprachen reiche Ernte.

Auch das war zunächst nicht mehr als ein Gedanke. Kam er von Gott? Wenn ja, dann mussten die Berge von Schwierigkeiten, die sich vor uns auftürmten, durch seine Kraft weichen. Der Kauf von St. Julian's Barns Green erschien allerdings wie ein Kinderspiel im Vergleich zu den Dingen, die uns erwarteten, als wir St. Julian's Coolham erwerben wollten. Gott aber machte die Berge zur Ebene und sandte Männer und Frauen, die uns zur Seite standen. Was bedeuteten sie uns doch an Hilfe, der Bischof von Worcester oder der Bankdirektor, der uns in den Fragen der Finanzierung beriet, und alle die Treuen, die nach der ihnen zu Gebot stehenden Möglichkeit rieten, halfen und mit Hand anlegten. Dank ihrer Hilfe wurde es möglich, dass wir am 19. Januar 1950 einziehen konnten. Der ganze Ort entspricht genau dem, was wir brauchen und uns wünschten. Noch fehlt zwar das Kinderheim, doch gerade in der richtigen Entfernung liegt ein Farmhaus, das vergrößert werden kann, und wenn alles gut geht, wird es ein sehr gesunder und schöner Ort für Kinder.

So ging ein Traum in Erfüllung, ein gottgeschenkter Gedanke wurde Wirklichkeit, denn dies Kapitel wurde genau zehn Jahre nach dem ersten Wachwerden der Idee in Selly Oak geschrieben: 1940–1950.

Mitarbeiter Gottes

Tiere – schon 1940 in Oakenrough kam unter uns der Gedanke auf, dass sie zu unserem Gemeinwesen gehören sollten. Mit dem Haus hatten wir eine Hand voll ziemlich alter Hühner geerbt, die sich allmählich bis zu sechzehn Stück vermehrten. Um die gleiche Zeit erhielten wir sechs junge Hunde zum Geschenk. Und zu unserer Überraschung ergab ihr Verkauf 40 £. Das bildete den Grundstock zu unserem »Farmkonto« und veranlasste uns, zu denken und zu planen, wie wir mehr verdienen konnten. Wir kauften zwei Ziegen, später noch einen Bock und begannen dann einen kleinen Handel mit Zicklein. Kaninchen kamen hinzu. Sie wuchsen zu einer eigenen Bevölkerung heran und hinterließen mancherlei Andenken! Die jungen Hunde und die Kaninchen hatten ihren Spaß miteinander und kannten keinerlei Angst voreinander. Die Zicklein ihrerseits nahmen den Rasen in Anspruch, wanderten zum Fenster unseres Wohnzimmers ein und aus und schlossen Freundschaft mit den Gästen – ein beinahe franziskanisches Stillleben!

Eines Tages schenkte man uns noch ein Pony dazu, aber das war unsere erste Enttäuschung. Es weigerte sich standhaft, geritten zu werden. Mehr Glück hatten wir mit der Schweinezucht und schließlich mit den Kühen.

Milch war eine seltene Kostbarkeit. Wir hatten sie so nötig für die Menschen, die oft sehr lange Zeit in den Tropen waren und elend heimkamen. Wir brauchten sie ebenso für die, die nach den harten Anforderungen der Kriegsjahre daheim erschöpft zu uns kamen. Es bedurfte all unseres Mutes, um den nächsten Schritt zu tun, doch im gleichen Jahr erstanden wir durch eine Sammlung unsere erste Kuh; einer stiftete den Kopf, ein anderer den Schwanz und so weiter, bis die ganze Kuh zusammen war. Als wir nach Coolham zogen, besaßen wir 15 Milchkühe, einen Bullen, 14 Kälbchen, 15 Schweine und 300 Stück Geflügel! Und heute verkaufen wir Milch an die Express Dairy Ltd. und versorgen daneben die Mitarbeiter und Gäste mit Milch, Butter und Sahne.

Es war tatsächlich eine weit reichende Entscheidung gewesen, als wir 1945 vor der Wahl standen, die Farm selbst zu übernehmen oder sie zu verpachten. Weder verstanden wir uns auf Landwirtschaft, noch hatten wir das nötige Kapital. Aber wir waren voll guten Muts, hatten keine Angst vor harter Arbeit und waren bereit zu dem Versuch. Wir beteten, warteten – und als eine Gabe in Form eines Schecks über 250 £ in unsere Hände kam, schien es uns Antwort und Zeichen zum Beginn.

Von Landwirtschaft verstanden wir ja nichts, Gottes gute Gabe war jedoch ein Aufseher, wie wir ihn nicht besser hätten finden können. Er lebte mit dem Land und war willig, einen Versuch mit uns ungeübten Frauen zu machen. Selbst ein Mann der Arbeit, war er zugleich ein ausgezeichneter Lehrmeister. Nie stellte er einfach zurecht, was wir verkehrt gemacht hatten, sondern zeigte uns, wie wir das Verkehrte selbst zurechtbringen konnten. Das machte uns sorgfältig.

Und dann die mannigfachen Helfer, die längere oder kürzere Zeit mit uns lebten und beim Bewirtschaften der Farm mit Hand anlegten! Ihnen allen schulden wir Dank, den Studenten aus Universitäten und landwirtschaftlichen Hochschulen, den Urlaubsmissionaren, den Ärzten,

Schwestern und Lehrern, sowie den Menschen der Wirtschaft, den Kriegsgefangenen und den Leuten aus Südafrika. Ja selbst die Leitung der CMS, zur Konferenz gekommen, half zwischendurch beim Bäumefällen, Holzspalten und beim Einbringen der Ernte.

Was vermag uns doch diese Arbeit zu lehren! Die Farm wurde Übungsplatz christlichen Lebens und dienender Gemeinschaft. Hier geht es nicht anders, als dass man sich selbst vergisst um dessentwillen, was um einen herum lebt und treuer, steter Sorgfalt bedarf. Im Nachsinnen gewinnt das Erlebte symbolhafte Gestalt: Grundlinien für den Stand des Christen in der Welt leuchten auf und Geheimnis und Sinn wahren Gehorsams: Ackermann sein heißt Gottes lebendige Gabe aus seinen Händen nehmen und sie weiterreichen an Menschen, dabei wohl wissend, dass der Anfang unseres Tuns, so klein und bedeutungslos er uns erscheint, treu und sorgfältig geschehen muss, soll das Ende uns nicht leer und fruchtlos lassen.

Und wieder, nur wenn das Werk durch alle Stadien hindurch bis zum Schluss durchgeführt wird, wächst uns die Ernte zu. Es bleibt kein Raum für Sentimentalität oder für Theoretisieren als Selbstzweck und für leere Wunschträume. Anfang und Ende erst runden sich zum Ganzen. Wir aber, mögen wir stehen, wo wir wollen, sollten wir nicht alle Gottes Ackerleute sein, die sein lebendiges Leben empfangen, in Treue verwalten und dem Bruder und der Schwester weiterreichen? Müsste auf solchem Weg Gemeinde nicht lebendig werden und bleiben, empfangend und gebend zugleich?

Wie Denken und Handeln, Anfang und Ende sich dem Landmann zum Ganzen fügen, so gehört zum Sein des Christen Treue am Anfang und Treue bis zum Ende. Hier liegt eine Erklärung, warum so manches Christenleben gar hoffnungsvoll begann und dann plötzlich im Wachstum erstarrt und langsam zurückgeht.

Ein zweites tritt hinzu: Gehorsam einem objektiven Anspruch gegenüber. Ohne solchen Gehorsam würde das Land zur Herbstzeit kahl und arm dastehen. Spiegel und Sinnbild ist es für unser Leben in seiner Beziehung zu Gott.

Gehorsam und Forderung – man kann sie nicht einfach aus den Bezirken des Lebens hinausfegen. Wir müssen sie sehen als zwei Seiten derselben Sache, als die beiderseitige Hilfe für das, was sich zu einem Ganzen fügen soll. Die Grundhaltung des Gehorsams bezieht sich nicht in erster Linie auf eine Person, sondern geht über sie hinaus auf eine gegebene Situation. Das veranschaulicht ein Beispiel von der Farm. Ich beobachtete zwei Mädchen, wie sie gemeinsam an einer Maschine arbeiteten. Es kam der Augenblick, da eine der beiden sehr bestimmt sagt: »Stopp!« Gehorcht die zweite nicht, bleibt ihrer ganzen Mühe das Gelingen versagt. Die eine muss ebenso bereit sein zu gehorchen, wie die andere zu befehlen. Aber es geht weder um despotische Gewalt, noch um sklavische Unterwerfung; es sind Aktion und Re-Aktion, die notwendig sind, soll sich das Tun zum ganzen und vollständigen Werk gestalten.

Gehorsam, recht verstanden, ist ein Geschehen in einem Werdegang, an dem der Fordernde und der Gehorchende im selben Augenblick gleichen Anteil haben. Bei jedem Plan, in jeder Situation, die einem Ganzen dienen möchte, kommt der Augenblick, den wir Gehorsam nennen. Er führt stets aus dem, was war, in das, was werden soll. Der Ruf zum Gehorsam ist somit schöpferisches Geschehen und drängt auf die Vollendung dessen, das im Entstehen ist. Hier geschieht durch uns und an uns etwas, das uns dem Zweck und Ziel alles Daseins näher bringt. Wir können aber auch den Gehorsam verweigern, dann wird der Prozess aufgehalten und nichts geschieht.

Rings um den Hof her breiten sich wogende Felder. Ein Schnitter allein reicht nicht aus, die Ernte einzubringen. Es bedarf gemeinsamen Tuns wie überall bei unserer verzweigten Landwirtschaft. Spricht nicht einer, der den Anspruch erhebt, Herr unseres Lebens zu sein: »Der Acker ist die Welt«? Und will er nicht, dass unser Christsein sich auf diesem Acker vollziehe? Nicht nur einer soll pflügen, säen, ernten, sondern Gemeinde Jesu in gemeinsamem Handeln.

Mit so verschiedenartigen Menschen zusammen das Land zu bebauen bringt alle die üblichen Schwierigkeiten des gemeinsamen Lebens ans Licht. Und wieder wird uns unsere Alltagsarbeit zum Gleichnis: Es muss einer dem andern Handreichung tun. Sind wir gespalten und hängen starr an persönlichen Ideen und ihrer Durchführung, so leiden alle und alles. Man kann wohl eine Zeit lang den Schwierigkeiten der Gemeinschaft ausweichen und deren Not und Unannehmlichkeiten entschlüpfen. Früher oder später jedoch wird dein Versäumnis dich stellen, irgendein kleines Anliegen kommt auf dich zu, fordert dich, und es geschieht zerstörender Stillstand statt schöpferischen Aufbaus, weil du und der andere euch in eurem Sinn entgegensteht.

Auch das tiefe Geheimnis allen Wachstums predigt die Farm eindrücklich, unüberhörbar. Gott allein wirkt das Wachstum. Treue und Sorgfalt, ja, sie gehören dazu, und doch – Leben zu schaffen vermagst du damit nicht. Das gibt uns eine Lektion für unser geistliches Leben. Du hast zu tun, was du vermagst, aber auch da kommst du an eine Stelle, wo mit all deinem Tun nichts geschehen kann ohne das Wunder gottgewirkten Wachstums. Wir werden im kommenden Jahr keine schimmernden Felder goldenen

Korns haben, wenn wir nicht pflügen, säen und jäten, so vollkommen, wie wir es erkennen und vermögen, mit unserem ganzen Willen und mit jedem Tropfen Blut. Das neue Leben aber wirkt Gott allein durch Jesus Christus.

Umgekehrt jedoch können wir die »unmögliche Person« und die schwere Situation nicht furchtsam oder träge Gott zuschieben, ohne uns zu mühen, soweit wir nur vermögen. Intelligenz, Können und Erfahrung sollen dem Aufbau des Leibes Christi in seiner Gesamtheit zugute kommen. Demütig wollen wir die Erfahrung derer annehmen, die größere Einsicht haben als wir. Dies ist eine schwere Lektion, an der wir ständig zu lernen haben. Die Passiven unter uns stehen nämlich in der Gefahr, zu hoffen, dass Gott es schon tun werde ohne allzu große Anstrengung unsererseits. Die Aktiven dagegen möchten alles allein vollbringen und glauben, ein Höchstmaß von Anstrengung verschaffe ihnen den Sieg. Das wunschvolle Denken und der eigenwillige Ausdruck unserer jeweiligen Gedanken, die wir so leicht für geistliche Wahrheit halten, gehören auf den Abfallhaufen. Eine Farm stünde gar bald vor dem Ruin, machte man daraus einen Gegenstand sich bekämpfender Meinungen.

Wenn wir nun so hineinlauschen in die Gesetze und Ordnungen Gottes, unter denen Leben und Wachstum stehen, und wenn dem Ackerland unser Mühen gilt, dann erfüllt uns nicht nur Freude an Schönheit und Sinn der Schöpfung, sondern darüber, dass wir selbst Mitarbeiter Gottes sind. Zum Teilhaber an Gottes Schaffen berufen sein – und das sind wir alle – bedeutet reines Lebensgefühl und darum Freude. Unser Teil im großen Werk alles Geschaffenen ist Gehorsam und Demut. Im Hingeben unserer selbst, in dem willigen Sich-Hineingeben in Gottes Ordnungen entsteht Leben. Wenn man sich zum Beispiel mit schmerzendem Rücken hinunterbeugt und die tausend kleinen Kohlsetzlinge auspflanzt, so erfüllt man nach seinem Willen die Bedingung, unter der er Wachstum schenken kann. Tut man es jedoch achtlos, weil einem solch mühseliges und geringes Tun unlieb ist und »weil es ohnedies nicht so darauf ankommt«, ist man Zerstörer statt Mitarbeiter des Herrn, der alles schuf.

Kein Landmann kann das Ackerland seinen vorübergehenden Neigungen unterwerfen. Er hat sich hinzugeben an seine vollkommenen und uns fordernden Ordnungen. Es gilt, auch in unserem Christsein durchzudringen zu der tiefen Bedeutung des Gehorsams als einer Forderung, die über uns und unsere gefühlsbedingten Wünsche hinausgeht. Vielleicht ist das die Lektion, die zu erlernen für uns Menschen der Gegenwart wichtiger ist als vieles, das uns im Vordergrund steht.

Freundschaft

Echte Freundschaft ist eine gar seltene Kunst. Florence Allshorn gehörte zu den wenigen, die um ihr Geheimnis wussten. Gewiss, der Kreis innig vertrauter Freunde beschränkte sich auf wenige. Aber ihre starke Liebeskraft kannte keine engen Grenzen, sie lebte mit einer ungewöhnlich großen Zahl von Menschen in fruchtbarer, aufbauender Gemeinschaft. Auch sie galten ihr als Freunde, und bei allen, die durch solchen Umgang beglückt und bereichert wurden, war der Eindruck tief und umwandelnd. Einmütig bezeugen alle, dass die Erfahrung ihrer Freundschaft etwas Einmaliges an Tiefe und Klarheit hatte.

Florence dachte viel nach über die Frage der Freundschaft. In St. Julian's wurde oft darüber diskutiert, und sie selbst schrieb eine Abhandlung zu diesem Thema. Leider musste die Arbeit unvollendet bleiben. Einiges daraus soll jedoch mit anderem uns zur Verfügung gestelltem Material im Folgenden weitergegeben werden. Wir vernehmen darin den Klang jener kristallklaren, bestimmten Liebe, die gereinigt und genährt wird vom mächtigen Strom der großen Gottesliebe.

Zunächst einige Sätze aus dem Memorandum: »Wir begannen unser Gemeinwesen von St. Julian's mit der üblichen Idee von Freundschaft und einer gewissen Gemeinsamkeit der Einstellung. Das schien uns in Ordnung zu sein, und jede schloss sich an diejenige an, die ihr am meisten zusagte. Aber wir lernten, dass das nicht genügte.

Wir wussten sehr wohl, dass die Liebe, von der Jesus Christus gesagt hat, sie solle der seinen gleich sein, nicht so beginnt; sie fängt ja nicht bei der romantischen Liebe der Dichter an, sondern bei dem sehr prosaischen Nächsten. Es bestand also ein Unterschied zwischen dem, was wir als Freundschaft bezeichneten, und dieser alle umschließenden tiefen Güte, die Jesus Christus während seines Erdenlebens darstellte. Wir machten, so gut wir vermochten, klare Bahn, indem wir zuerst einmal unser Tun in Gottes Licht stellten und uns fragten, was Jesu Liebe nicht war.

Folgendes fanden wir heraus: Sie war nicht in erster Linie Liebe der Sinne.

Sie war auch nicht menschliches Gefühl, das für den einen Menschen vorhanden ist und für den anderen nicht.

Noch ging es um jene schwächende Sympathie, die den andern seiner Chance zur Größe beraubt und sein Selbstmitleid nährt.

Wer lieben möchte, gleichwie Christus liebt, kann nicht zugeben, dass die Fehler des andern ungehindert weiter wuchern, noch dass er von solchem Glanz umstrahlt wird, dass man überhaupt keine Fehler mehr an ihm sieht. Jesu Liebe ist dem Bösen gegenüber intolerant.

Auch ist sie nicht so weich und nachgiebig, dass sie dem geliebten Menschen einfach das gibt, was er meint haben zu müssen. Sie bemuttert nicht so, dass der andere kindisch und abhängig bleibt, denn sie liebt nicht mit jener Zurückgezogenheit in sich selbst, die den Gegenstand ihrer Liebe nur zum Ausflussobjekt der eigenen Gefühle gebraucht. Keine dieser Haltungen schließt Jesu ›Gleichwie ich euch liebe‹ in sich; sie sind menschlich und müssen umgewandelt werden zu einem selbstlosen Geben empfangenen Reichtums, zu einem Lieben, dem das letzte Wohl des anderen begehrenswerter erscheint als das eigene Bedürfnis zu geben.

Wir waren übereingekommen, dass wir uns von ausgesprochenen Freundschaften innerhalb unserer Gemeinschaft so lange zurückhalten wollten, bis wir ein wenig von dieser großen, alle einschließenden Jesusliebe gelernt hätten. Wir wussten, dass die Art der Freundschaft, die um jeden Preis selbst besitzen wollte, nicht der Weg zu dem war, was wir suchten, und wir erkannten ebenso, dass die Welt unserer Gefühle der Erziehung auf ein Neues hin bedurfte.

Wie sah nun dieser Versuch zu lieben praktisch aus? ›Versuch zu lieben‹ – ach, klingt nicht schon der Ausdruck so mühevoll und unserer selbst bewusst? Und doch, wir lernten einander lieb haben, sobald wir uns einmal wirklich sahen – sahen als Geschöpf Gottes. Jede von uns gleichgestaltet seinem Bild, Wohnung seines Geistes. Sind wir in dieser Sicht nicht liebenswert? Die Augen unserer Wahrnehmung sind blind, strafbar blind. Wir sind gedankenlos und ohne zarte Rücksichtnahme, aber das müsste nicht so sein. Die Anhäufung aller Unbarmherzigkeit in der Welt ist eine offene Wunde.

Was ist die Alternative – einfach weitermachen wie bisher? Genügt das? Wer unter uns hat denn ein Herz voll Barmherzigkeit, ein Herz, das schlägt im Gleichmaß der Liebe zu Gott und den Menschen? Um zu lernen, muss man sich zunächst klar werden über das, was man nicht weiß, und was man noch zu lernen hat. Wenn also Gott in seinem Wesen Liebe ist, sind wir geschaffen zu lieben. Und weil wir so lieblos wurden, müssen wir erlöst werden; Gottes Schöpfung – das sind wir selbst – muss wieder sein werden, denn sie wanderte weit weg von ihm und wurde verkehrt. Wir haben seine Liebe verloren, diese quellfrische Gottesliebe; aber wir können lernen, uns nach ihr auszustrecken.

Es muss unser Anliegen werden, einander zugeneigt zu sein in der Tiefe unseres Herzens, nicht nur an der sozial-konventionellen Oberfläche. Liebe, die nicht allen zu gelten vermag, ist auch nicht wert, einem einzelnen geschenkt zu werden. Wir werden wohl weiter unsere besonderen Freunde haben, aber nachdem wir lernten, uns unsern Mitmenschen zu erschließen, ist auch unsere engere Freundschaft so viel mehr wert. Bei Gott gibt es keinen Verlust, nur Neuschöpfung.«

Florence' Beschäftigung mit der Frage der Freundschaft liegt viele Jahre zurück. In Uganda war die Auseinandersetzung mit diesem Problem, wie wir sahen, der Wendepunkt ihres Lebens. Welche tiefgreifende Wichtigkeit für das gesamte Leben und Werk der Kirche Florence ihm beimaß, bricht irgendwie in jedem Abschnitt ihres Lebens durch, sonderlich in der erwähnten Schrift, aus der noch eine Stelle zitiert werden soll:

»Wenn wir die Lage unvoreingenommen sehen«, heißt es da, »und miteinander bestürzt und aufgeschreckt sind, müssten wir zu vollerem Verständnis durchdringen und von daher neue Wege der Liebe zueinander gehen. Das ganze Problem der Freundschaft darf nicht aus unseren mitmenschlichen Beziehungen herausgelöst werden. In diesem Lichte betrachtet, haben die Frauen die Kunst echter Freundschaft untereinander großenteils noch nicht gemeistert. Sie scheinen keine Nötigung dazu zu empfinden; die Tiefe ihrer Gefühle gilt Mann und Kindern, und wo sie diesen Ausfluss nicht haben, lernen sie viel zu selten, was sie nun mit ihren Empfindungen anfangen sollen.

In jeder Frau regt sich der Instinkt, zu besitzen und für ihren Besitz zu kämpfen, sie hat die durchaus natürlichen besitzergreifenden und mütterlichen Triebe, die nicht einfach wegschmelzen, wenn eine Frau unverheiratet bleibt. Wir müssen sie in uns erkennen und bejahen, indem wir sie auf einer höheren und selbstloseren Ebene zum Erblühen und Reifen bringen. Die Werte echter Freundschaft, täglicher Kameradschaft, gemeinsamer Interessen an der Gestaltung einer Arbeit – in ihrer Erfassung und Ausübung liegt weitgehend die Gelegenheit unserer Heiligung. Sind wir gezwungen, das mit jemandem zu praktizieren, dessen Temperament mit dem unsrigen nicht harmoniert, dann wird, sobald wir uns gemeinsam an die Aufgabe begeben, das Erleben um so größer. Wir sind gezwungen, in tiefere Gründe unseres Seins zu steigen und haben vor uns die Gelegenheit eines echten Sieges.

Der Fallstrick liegt in den ungeheiligten, natürlichen Instinkten, die etwa bewirken, dass ich in dem mir zugesellten Menschen nur jemanden sehe, der mir in der Arbeit hilft (vielleicht nicht ganz so bewusst), oder jemanden, den ich mit meinen mütterlichen Gefühlen überschütten kann. Dabei entgeht uns die Tatsache, dass eine Liebe, die unter Jesu Herrschaft steht, nie den anderen zur eigenen Befriedigung ausnützt, sondern dass sie danach trachtet, ihn frei von uns und unserer Selbstbehauptung mit allen ihren Ansprüchen seinen Weg gehen zu lassen.«

Was Florence hier über die Anliegen der unverheirateten Frau sagt, hat seine Wurzeln in der klar und tief durchdachten Überzeugung, zu der sie in ihren Gedanken über Ehe oder Ehelosigkeit gekommen war. In ihrer Sicht war die Ehe wie alle anderen Geschehnisse im Leben eine Situation, in die man gestellt wird. »Das einzige aber, was wesentlich ist«, darauf bestand sie auch hier, »ist, was du aus den Gelegenheiten deines Lebens machst. Ist man verheiratet, so hat man eine Reihe von Freuden, Möglichkeiten und Problemen, bleibt man ehelos, so hat man diese in anderer Ausprägung. Aber in jedem Fall kann man ein erfülltes und ganzes Leben führen.«

Florence bestritt energisch, dass die unverheiratete Frau von vornherein verkürzt sei. Sie kannte viele Beispiele ungelebten Lebens, sowohl bei der verheirateten als bei der unverheirateten Frau. Der Grund hierfür war stets, dass Menschen den Weg bedingungslos schenkender Liebe nicht gehen wollten. Wo aber die Willigkeit dazu vorhanden ist, vermag eine Frau in jedem Stand sieghaftes Glück zu finden.

Florence selbst hatte sich für das Leben der berufstätigen, allein stehenden Frau entschieden und hatte nie das Gefühl, dass ihr deshalb etwas an Lebensmöglichkeit versagt war. Sie schrieb einmal: »Florence Nightingale, die Frau mit der Lampe, und andere große Frauen waren mein Ideal, als ich zwanzig Jahre alt war, und noch heute scheint mir das Leben der sich uneingeschränkt einem Ziel hingebenden allein stehenden Frau begehrenswert. Aber ist es nicht Gnade, dass wir nicht alle gleich empfinden? Andere mögen anders wählen, die Ehe ist eine ebenso köstliche Wahl und genau so reich in ihren Möglichkeiten.«

In der Diskussion, die ihrer letzten Ansprache folgte, wurde sie gefragt, ob Ehe ein Hindernis für den Dienst im

Reiche Gottes sei. Sie gab folgende Antwort: »Ich glaube nicht, dass es für die Fruchtbarkeit eines Lebens überhaupt einen Unterschied bedeutet, ob man verheiratet ist oder nicht. Ehe oder Ehelosigkeit ist eine Situation deines Lebens, auch deines Lebens als Christ. Bist du verheiratet, ist dir ein besonderer Aufgabenbereich zugewiesen, bleibst du ehelos, so wachsen dir entsprechend andere Möglichkeiten zu. Jeder Stand hat seine eigene Erfüllung, wenn er aus Gottes Händen empfangen wird, und jeder Stand hat sein besonderes Zeugnis in dieser Welt zu geben. ›Unser keiner lebt sich selber, und unser keiner stirbt sich selber. Leben wir, so leben wir dem Herrn, sterben wir, so sterben wir dem Herrn‹, gilt für beide Lebenssituationen. Ich glaube, dass die gesunde, christliche Familie in unseren Tagen ein besonders deutliches Zeugnis für diese Welt ist, denn es gibt so viele unglückliche Ehen, so viel Elend und Herzeleid. Als verheiratete Frau hat man die Gelegenheit, den Begriff der Ehe wieder wahrhaft zu füllen und ihn wieder zum Leuchten zu bringen.

Andererseits denke ich, hat die ehelose Frau die tiefe und schöne Aufgabe, zu zeigen, dass ihr Leben glücklich und erfüllt sein kann, auch wenn sie das nicht besitzt, von dem die Welt sagt, es gehöre unbedingt zum vollen Menschsein. Ich bin sehr glücklich, dass ich das als wahr erproben durfte. Seit meinem dritten Lebensjahre hatte ich keine Eltern mehr. Nie besaß ich Geld, hatte auch keinerlei Hoffnung auf eine Zukunft. Ich versuchte, Künstlerin zu werden, und musste lange vor dem Ziel abbrechen, und doch bin ich so glücklich, wie ein Mensch nur zu sein vermag. Mein Leben hat sich ganz erfüllt. So glaube ich nicht, dass Ehe oder Ehelosigkeit ein wesentlicher Faktor fruchtbaren Lebens und Dienstes ist. Aber was ihr als Menschen, deren Leben Gott gehört, daraus macht – das ist es.«

Florence war eine der Gesegneten, deren Liebe aus Gott lebte, und die von daher ganz und lebensbejahend diente. So war nichts charakteristischer für sie, als das Leben nüchtern in seinen wahren Proportionen zu sehen. Wichtige Dinge standen bei ihr auch in der Praxis des Alltags an erster Stelle. Gott schauen – das war die zentrale Wirklichkeit ihres Lebens. Freundschaft war dementsprechend die Beziehung zweier Menschen, deren Augen gemeinsam auf Gottes Willen und seine Ziele gerichtet sind und deren Herzen unaufhörlich der Liebe offen stehen, mit der er alle seine Kinder so gern überschüttet. Das sind oft gehörte christliche Grundwahrheiten, die jeder kennt. Es war die Intensität, mit der Florence die erkannten Wahrheiten ins Leben umsetzte, und der reiche Inhalt, den diese für sie hatten, die ihrem Leben eine seltene Leuchtkraft verlieh.

Echte Freundschaft besteht also nicht zuerst darin, dass zwei Menschen sich gegenseitig betrachten und einander schätzen, sondern im gemeinsamen Ausgerichtetsein des Blicks nach einem Ziel, das über sie hinausweist. So wird Freundschaft sogar zwischen Menschen möglich, die natürlicherweise nicht zusammenpassen, ja die einander unsympathisch sind. »Wenn ihr beide auf Jesus Christus seht«, sagte Florence oft, »ist es unmöglich, dass ihr nicht zusammenkommt.« »Wenn du von den Vordergründen eines Menschen bis zu den Wurzeln seines Wesens vorstößt, siehst du bestimmt, dass Gott in jedem wirkt, und dass wir wirklich nicht verachten oder hassen können, wenn wir uns einem Ort nähern, da Gott wohnt.« Und wieder: »Ich kann keiner Abneigung gegen Menschen Raum geben, denn ich nehme Jesus Christus zu ernst.« Oder in einem Brief: »Ich lerne so viel von Menschen, die mir nicht liegen. Jedes Stücklein der Liebe Jesu, das ich empfangen darf, befähigt mich, mehr zu sehen.«

Freundschaft mit Florence bedeutete, wie eine ihrer jungen Freundinnen entdeckte, den gleichen Weg mit ihr zu gehen, den Weg zu Jesus.

Liebe war für Florence keine Pflicht, sondern eine Leidenschaft. Sie war Sinn und Herrlichkeit des Lebens. »Wir alle«, schreibt sie einmal, »spielen – oder versuchen es wenigstens – eine Symphonie für Gott, und manchmal möchte ich alles tun und alles drangeben, wenn ich damit jemandem helfen könnte, richtig zu spielen.« Und in einem anderen Brief, in dem sie eine frühere Schülerin bittet, einer ihrer Mitmissionarinnen zu helfen: »Oh, alles lohnt, wenn es nur mithilft, das Nichtglücklichsein aus dem Leben eines andern wegzuschaffen. Höre Gottes Signal, wenn du versucht bist, die Linie des geringsten Widerstandes zu beschreiten.«

Schon sehr früh begann sie den Unterschied und möglichen Konflikt zwischen natürlicher und geistlicher Liebe zu ahnen. Aber obgleich ihr das in steigendem Maße klarer wurde, blieb ihr Lieben beglückende Einheit. Sie liebte mit ihrem ganzen Sein immer den ganzen Menschen.

Ihren Freunden wünschte Florence mehr als alles andere die volle Ausgestaltung dessen, was Gott an Möglichkeiten in sie gelegt hatte. Jemand, der wesentlich jünger war als Florence und sie nur in den letzten Jahren ihres Lebens kannte, schreibt: »Ganz stark empfand ich, dass sie in uns die Menschen sah, die wir bestimmt waren zu sein. Das klingt so einfach, aber ich glaube, es gehört zu den seltensten und schwierigsten Dingen der Welt. Ich kenne niemanden, der so beharrlich wie sie seine Mitmenschen sah, wie Gott sie gedacht hatte: ganz, frei, großherzig, mitfühlend und hebend. Solches Sehen beansprucht alle Fähigkeiten des Geistes und ist eine Sache allein für die wagenden Herzen. Denn Menschen so zu sehen, wie sie sein sollten, schließt ja in sich, dass man sie vielleicht hundertmal am Tage so sieht, wie sie sind. Und gegen diesen Widerspruch führte Florence Allshorn in der Tat einen heiligen Krieg. Sie wusste um den Schmerz, den es die meisten Menschen kostet, frei von sich selbst zu werden, frei von den verkrüppelnden Banden des Hochmuts oder von den unlauteren Motiven, die hinter unserem guten Tun stecken, frei von all den Ausflüchten, hinter welchen wir uns so gerne verschanzen. Alle diese Dinge griff sie leidenschaftlich an, und immer war es dabei ihr Ziel, Fesseln zu lösen, um den wesentlichen, den wirklichen Menschen zu befreien.

Erinnerst du dich an den Knopfgießer in Peer Gynt, und wie er in jenem tragischen Schlussakt zu Peer sagt, als er ihn am Ende seiner Wichtigtuerei trifft: ›Du warst allerdings ein blanker Knopf an der Erdenweste; nur fehlte die Öse‹? Florence verstand sich prächtig auf blanke Knöpfe und zerbrochene Ösen, und gleich dem Knopfgießer wusste sie, dass manchmal ein vollständiges Neuformen das einzige Heilmittel war. Aber bei allen sah sie durch den Staub und über die Flecken hinweg, die so oft die Form beinahe verwischt hatten, Männer und Frauen in der Gestalt des ursprünglichen Bildes.«

Florence selbst schreibt in einem Brief: »Du musst dein Auge auf jenes verborgene Sein richten. Ich kenne es bei Blumen und Tieren; jedes nimmt eine kleine warme, persönliche Art an, wenn du dir Zeit nimmst, lange genug zu schauen. Sei es ein junger Hund oder ein Veilchen, jedes ist es selbst, sogar wenn der junge Hund eben meine Tasche in Fetzen riss, bleibt das bestehen – eine Art unschuldiger Wärme, ein Geheimnis, etwas, das über mein Verstehen hinausgeht. Und das ist genau so die grundsätzliche Beschaffenheit des Menschen. Dies eben weckt solches Verlangen, das kleine, verknotete Stück in einem Leben zu entwirren, denn versäumt man es, kann gar leicht das Ganze zerstört werden. Wir dürfen Gott helfen, jene geheime, tief versteckte Schönheit an die Außenseite zu locken, statt uns zu begnügen mit jenem flachen Nettsein und gelegentlichem Gutsein.«

Liebe war in Florence' Augen nur dann echt, wenn sie etwas von der erlösenden Kraft Jesu in sich trug. Sie allein vermochte Menschen aus dem Griff von so viel Ungutem zu befreien. Jedoch die Augen dem Bösen gegenüber zu verschließen oder billige Angleichung zu suchen und sich bei äußerlich reibungslos funktionierender Beziehung zueinander beruhigt niederzulassen, war Schwäche, Feigheit. Es bedeutete, etwas Reiches und Sieghaftes aus dem Leben streichen.

Eine »schwache, unwirkliche Oberflächen-Freundlichkeit« konnte bei Florence nicht bestehen bleiben. Wahrheit war die einzig sichere Grundlage der Freundschaft. Die Angst, selbst verletzt zu werden in dem Versuch, andere in die Freiheit zu führen, war ein Verrat an der Wahrheit. Der Zweck der Gemeinschaft von St. Julian's war, »einander in Wahrheit aufzubauen«. Florence drückte ihre tiefsten Überzeugungen gerne in Worten anderer Schriftsteller aus. »Leben«, zitierte sie, »ist ständige Entscheidung – es muss so sein. Es handelt sich um stete Wahl zwischen Mächten, die um uns kämpfen.« Das galt erst recht im Bereich der engeren und weiteren persönlichen Beziehungen.

Florence' Sinn für den ernsten Auftrag der Liebe vertiefte sich im Laufe der Jahre. Solange sie noch junge Frauen ausbildete, schien es ihre große Gabe zu sein, das Beste aus ihnen herauszuholen. Sie konnte einer Schülerin schreiben: »Alle meine Gedanken über dich sind glücklich«, und dann erzählen, wie sie an die guten Möglichkeiten in ihr glaube, und wie viel sie von ihr erwarte. Dieses Vertrauen weckte in vielen die besten Kräfte.

Hatte Florence einmal eine Wahrheit erkannt, strebte sie sofort danach, diese ihrem übrigen Leben einzufügen. Sie fand aber, dass das bei anderen nicht immer der Fall war. Es dauerte manchmal lange, bis sie selbst bei den vertrautesten ihrer Freunde diese Tatsache entdeckte, und es kam ihr zum Bewusstsein, dass ihre früheren Wege der Hilfe das Übel wohl nicht immer an der Wurzel angepackt hatten. Ihre eigene Empfindlichkeit für alles Böse wuchs ständig, weil sie sah, welchen Schaden es in einem Leben verursachen konnte; ja, vielleicht wurden, deckte man Sünde einfach stillschweigend zu, Menschen vom Eingang ins Königreich Gottes abgehalten. Aus dieser Sorge heraus konnte Florence dann statt der anregenden, helfenden Dinge, die sie sagen wollte, harte Worte reden.

Sie erkannte wohl den Preis echter Freundschaft und schrieb einmal einem vertrauten Menschen: »Ruskin sagt: ›Wenn du ganz unvoreingenommen und ehrlich bist, wirst du erkennen, dass dein Innenleben kaum besser als eine raue Wildnis ist, vernachlässigt und hart, vertrocknet oder überwuchert von dornigem Gestrüpp und dem giftigen Unkraut böser Vorstellungen. Man muss zuerst einmal energisch und rücksichtslos Feuer anlegen, das Gestrüpp niederbrennen und in richtige Aschenhaufen verwandeln. Dann erst vermag man zu pflügen und zu säen.‹ Ich versuchte, das für dich zu unternehmen, denn du wolltest es nicht selbst tun. Deshalb musst du glauben, dass alle die scharfen Worte, die ich dir sagte, nur gleich dem Rechen sind, mit dem ich versuchte, mit all den Dornen fertig zu werden – für dich.

Ich war schonungslos um deinetwillen, und alles, womit ich dich zurechtrüttelte, war ein Versuch, dich zu Höherem zu bringen, und viel klarer und gesünder als dein Selbstmitleid und Übelnehmen. So mach dich dran, sei rücksichtslos gegen dich selbst, anstatt dich Depressionen hinzugeben – und sei dankbar, dass jemand für dich voll Eifer ist.«

Oder: »Du kommst so langsam voran, weil deine erste Reaktion immer Selbstrechtfertigung ist. Das macht mich immer ärgerlich. Hier gehen wir auseinander, und ich verliere die Geduld mit dir. Wenn du deine Rechtfertigungen nicht wie Gift hasst, wirst du immer irgendwo hineingeraten und langsam abgetrieben werden. Aber es gibt eine Wahrheit, der man sich stellen muss, und die darf nicht so lange abgewandelt werden, bis sie so ist, wie du sie gerne haben möchtest.«

Florence war jedoch sehr schnell bereit, ihre Haltung zu ändern, sobald sie in dem, den sie so energisch anpackte, die leiseste Regung der Gnade und Demut spürte. Wer mit ihr lebte, war nie sicher, was ihre durchdringenden Augen entdecken würden. Eine ihrer Vertrautesten bekennt, dass sie nie ganz frei von einer gewissen Scheu vor Florence war, einer Scheu, die jedoch nicht im Geringsten ihre intensive Liebe zu Florence schwächte. Und war nicht in Jesus Christus derselbe Zug ernster Autorität?

Mancher denkt vielleicht, das Leben in einer geordneten Gemeinschaft sei verhältnismäßig einfach im Vergleich zu manchen anderen Aufgaben. Die Atmosphäre, welche die Gäste in St. Julian's umfing, war die einer fröhlichen Güte und ließ Menschen zur Ruhe kommen. Doch was die Besucher so wohltuend empfanden, war keine natürliche Harmonie, sondern eine Frucht schwerer innerer Kämpfe. Florence stand bewusst in dieser Arbeit, sie hatte das lebhafte Empfinden, dass die verworrenen Verhältnisse in den Beziehungen von Mensch zu Mensch das Übel waren, das auch viele ehrlich sein wollende Christen von der Freiheit zurückhielt, zu der sie bestimmt waren. Deshalb meinte sie, einen neuen, mehr direkten Angriff wagen zu müssen.

In einem von Florence' Rundbriefen, den sie nach fünf Jahren der Erfahrung in St. Julian's schrieb, ist ein enthüllender Satz. »Der Teufel«, heißt es da, »versucht gewiss ebenso eifrig bei uns hier einzudringen und Zerstörung anzurichten wie überall, wo ich sonst war. Nur wird hier ein bewusster Kampf gegen ihn geführt, und wir lernten viel seit unserm Anfang hier. Es war schon der schwerste Abschnitt meines Lebens, und doch war es wunderschön.«

»Der schwerste Abschnitt meines Lebens« bedeutet viel aus Florence' Mund, und die Beifügung »doch wunderschön« ist charakteristisch. Das Wagnis von St. Julian's war ihr die große Gelegenheit zu tieferer Echtheit; und das ist vielleicht die schwierigste aller Aufgaben.

»Hier«, sagt sie einmal in einer Aussprache, »kommt man in eine Gemeinschaft von Menschen, die darauf aus sind, das Geheimnis wahrhaftiger Ganzheit des Lebens herauszufinden. Das geht nicht ohne die richtige Beziehung zu dem alles durchleuchtenden Geist Gottes. Zuerst mag das als ein leichter und freundlicher Weg erscheinen, aber ist er einmal mit ganzer Ehrlichkeit betreten, so wird er zum aufrüttelndsten Anruf an unsere unwirklichen, oft so flachen und halbherzigen Versuche des Christseins.«

Die engen Beziehungen einer ständigen Gemeinschaft zeigten, wie tief gewurzelt und hartnäckig das Böse ist. Der Kampf dagegen erforderte große Intensität, und Florence wich nicht aus. Sie warf sich in die Bresche und stand – wenn nötig – Tag um Tag den anderen zur Seite, weil sie keinen geringeren Maßstab anerkennen wollte als zu lieben, wie Christus geliebt hatte. Was dieser Nahkampf mit all den bösen Mächten, die in ehrlicher Gemeinschaft offenbar werden, sie kostete, lässt sich kaum ermessen. Jene, die mit ihr in der Gemeinschaft von St. Julian's standen, bestätigen das einmütig.

Niemand, der Florence näher kannte, zweifelte daran, dass auch Ernst und Strenge, die je und je bei ihr aufbrachen, der Ausdruck einer intensiven Liebe waren. Derselbe Brief, der von einer gewissen Furcht vor ihr spricht, versichert, dass »ihr Mittragen und ihre liebende Teilnahme ganz unbeschreiblich waren«. Ihr Ernst war die Bestätigung und nicht der Verrat der Liebe. Das wird aus zwei Dingen deutlich: Ihre ganze Strenge wandte sie zuerst unbarmherzig gegen sich selbst, ihr Angriff gegen Sünde im anderen kam aus einem Gelöstsein vom Eigenen.

»Liebe wie die ihre«, schreibt jemand, der ihr sehr nahe stand, »ist sehr, sehr selten.« Sie wollte nie irgendetwas von irgendjemandem für sich selbst. Sie wünschte nur, dass der andere bei Jesus wäre, ihn besser kennen lernte, und durfte sie dabei helfen, war sie bereit, alles einzusetzen. Ihre Demut, die gleich einem tiefen Begleitton bei allem mitschwang, offenbart ein Abschnitt aus folgendem Brief:

»Ich glaube, der einzige Unterschied zwischen mir und euch Jüngeren ist dies: Ich werde mir rascher als ihr bewusst, wenn ich pharisäisch bin. Man muss darin so ganz wachsam sein. Je mehr wir begnadet sind, Sehende zu sein, desto größer ist die Gefahr in uns, Pharisäer zu sein. Als Sünder sind wir einander alle gleich, dessen bin ich gewiss. Und wenn es euch passiert, dass ihr nach einem Gespräch mit irgendjemandem weggeht in dem Gefühl, dass ihr mehr Recht habt als der Betreffende, dann passt auf! Wenn ich einem Menschen etwas sagen muss, das unangenehm für ihn ist, gehe ich mit einem demütigen Staunen von ihm, dass er mich nicht hinauswarf, mich, der ich den Balken im Auge habe und versuche, den Splitter auszuziehen. Und doch ist es von solcher Dringlichkeit, einander auf unsere Fehler aufmerksam zu machen und – so lebensgefährlich!

Es wird zur größten Sünde, wenn man nicht direkt zu Gott geht, um die eigene Sünde unter seine Vergebung zu bringen, und nun als Begnadeter mit tiefer Dankbarkeit und Ehrfurcht dem andern gegenübersteht.«

In einem andern Brief schreibt sie: »Du musst lernen, wie die Wahrheit zu sagen ist. Wenn du einen Menschen damit nur deprimiert hast, tatest du es, ohne dass die Liebe Jesu dich dazu drängte und ohne seine Geduld. So wirst du niemanden aus dem Staube emporheben. Es ist eine große, aber schwere Aufgabe. Und denke daran, es steckt unheimlich viel vom Pharisäer in uns allen. Darüber muss uns die Verzweiflung packen, die uns ganz auf Gott und seine Vergebung wirft und uns immer wieder unser äußerstes Unvermögen aufdeckt.«

Und bei einer anderen Gelegenheit: »Ich merke, dass du freier von dir selbst wirst. Alle die Verkehrtheiten, die wir so krampfhaft festhalten, sind zugleich immer töricht. Wenn ich dagegen so radikal zu Felde ziehe, geschieht es deshalb, weil ich wirklich spüre, dass unsere Gefühle unwichtig sind – es ist die Wahrheit – und ich möchte diese zum Maßstab haben. Ich möchte den, den ich lieb habe, dadurch ehren, dass ich annehme, er möchte ebenso wenig wie ich seine Gefühle berücksichtigt wissen, wenn es um die Wahrheit geht.

Gefühle bedeuten so wenig. Wenn ich zu scharf werde, ist es aus diesem Grunde. All der Reichtum, die Schönheit, die Möglichkeiten deiner Natur müssen freigelegt werden, so dass sie unbehindert strömen können. Und wir haben beide dasselbe Erleben. Ich liege im Staube diese Tage. Und doch – ich kann es dir nicht erklären, tief im Innern quillt die Freude, denn mein Auge ruht auf Jesus, und ich weiß, er lebt in mir. Das ist es, was wesentlich ist.«

Die Selbstdisziplin, der sich Florence auch um der Gemeinschaft willen unterwarf, geht aus folgendem Briefauszug hervor. Er stammt aus jener Zeit, als sie Missionarinnen unterrichtete: »Ich habe einen großen Schrecken davor, in die Tiefen der Menschenseele zu tauchen. Wir alle haben im Grunde unseres Seins unheimlichen Morast, und es ist sicherer und glücklicher, mit dem besseren Teil unseres Wesens zu leben und die Augen dem Schlimmsten gegenüber zu verschließen. Aber damit erreicht man nichts. Man muss die Wurzelschäden des Versagens erkennen; das kann man nicht, wenn man im sicheren Nest abgeschlossen bleibt. Hinuntersteigen muss man, nicht nur in die grimmigste Finsternis anderer, sondern auch seiner selbst. Noch ahne ich das erst. Wenn ich schlammbedeckte Wurzeln in anderen aufwühle, muss die üble Ausdünstung auch in mir selbst den morastigen Grund in Bewegung bringen. Wenn wir jedoch bei solchem Tun miteinander zu Jesus gehen und unsere Wurzeln – Eifersucht, Groll, Empfindlichkeiten, Stolz – reinigen lassen, das wäre dann alle Mühe hundertfach wert.«

Weil Florence zu einer seltenen Uninteressiertheit an sich selbst gekommen war, konnte sie so forschend auf das Böse im anderen eingehen. Die jungen und später in St. Julian's auch die älteren Menschen, die durch sie angeregt wurden, verstanden wohl meist ihre Absicht, wenn auch in unterschiedlichem Maße. Lange nicht jeder setzte das Erkannte ins Leben um, und wenige nur waren durch die Schmerzen gegangen, die es kostet, wenn die Wahrheit alle Fasern unseres Seins durchdringen soll.

So bestand die Gefahr, Florence Allshorns Methoden äußerlich nachzuahmen, ehe die Wirklichkeit ihrer Erfahrung am eigenen Herzschlag erprobt war. Und es war nicht zu vermeiden, dass ihr geschah, was allen großen Lehrern begegnet, nämlich dass eifrige Schüler ihre Sprache und bis zu einem gewissen Grad ihre Ideen aufnehmen und wiederholen, ohne in deren Substanz eingedrungen zu sein. Junge Missionarinnen ermangelten dann gelegentlich der Weisheit und des Taktes, den die Lage erforderte, und zitierten etwa in Übersee St. Julian's als endgültige geistliche Autorität. Ja, es konnte vorkommen, dass sie sogar ihr eigenes, unerfahrenes Handeln damit rechtfertigten. Das führte gelegentlich zu Missverständnissen in den Augen derer, die St. Julian's nicht kannten, nicht eben zu dessen Vorteil!

Unerbittlich war Florence, wo es um Sünde ging, aber sie konnte klar unterscheiden zwischen geistlichem Versagen und den Fehlern, die aus Temperament und Veranlagung kamen. Sie schreibt zum Beispiel einmal: »M. hat ein Recht, das zu sein, was du als langsam und langweilig empfindest, wenn das ihre Art ist, sich zu geben. Vieles mag verzerrt sein, aber so ist's nun einmal, und du rennst gegen eine Wand, wenn du bekümmert bist, weil ihr Verhalten deiner eigenen Art lästig ist. Wir stürmen oft blindlings vorwärts, ohne darauf zu achten, ob unsere Gedanken in diesem Augenblick gehört und beachtet werden können, oder ob nicht ein langsameres Wesen genauso viel zu helfen vermag.

Unsere Selbstbehauptung besteht oft in Gedanken, und wir schelten, weil andere nicht schnell genug sind, sie für oder mit uns auszuführen. Oft jedoch, wenn wir uns für unsere Ideen verkämpfen und uns dabei aufregten, entdeckten wir am Ende, sobald wir uns wieder beruhigten, dass die Langsamen zielstrebig und treu die gleichen Wahrheiten durchführten. Ich bin sicher, dass jede Ungeduld eines impulsiven, raschen Menschen einen Langsamen zum Rückzug in eine eigensinnige und traurige Schwerfälligkeit bringt. Er kann nicht so rasch.«

Und wieder: »Nimm ihre Umständlichkeit doch an! Sage dir selbst: ›Nun, es ist für sie ebenso wichtig, umständlich zu sein, wie für mich zu lesen.‹ Charakternöte anderer verlieren ihre Macht über dich, wenn du sie annimmst. Versuche zu erfassen, was ich meine. Wir geben uns alle in verschiedener Weise. Warum sollte sie nicht frei sein zu Umständlichkeiten, wenn sie Lust dazu hat? Und warum soll sie durchaus tun, was du willst?«

Der zweite Grund, weshalb Florence Allshorn in Schwachheit und Sünde anderer eindringen konnte und durfte, war der, dass ihr Tun so offensichtlich der Ausdruck intensiver Liebe für den ganzen Menschen war. »Sie kannte uns bis auf den letzten Grund unserer Verlorenheit«, schreibt eine ihrer besten Freundinnen, »und liebte uns dennoch unermüdlich.«

»Wenn ich nicht locker lasse«, schreibt sie einem Glied des Gemeinwesens, »so versuche zu glauben, dass es deshalb ist, weil ich sehe, was du sein könntest, und dass ich meinen Arm um deine Schulter lege, selbst wenn ich jenes Unrecht in dir bekämpfe.«

Eine andere erinnert sich, dass sie einmal Florence' Rat in einer schwierigen Angelegenheit erbat, und dass letztere ohne Zögern zu dem schwereren Weg riet. »Es bleibt dir keine andere Wahl – oder du verleugnest die Wahrheit.« Aber in Florence' Augen waren Tränen und die andere wusste, dass sie nicht allein war.

Die Kraft ihrer Liebe leuchtet aus folgendem Brief: »Ich wäre willig, mich jahrelang bei Wasser und Brot in einen engen Kerker einschließen zu lassen, bis du frei wärest und dich am hellen, fröhlichen Sonnenlicht erfreutest. Warum nur können wir so oft nichts füreinander tun? Alles, was ich vermag, ist predigen. Aber oh, mich erfüllt solch heftiger und unerträglicher Schmerz, wenn ich sehe, wie Menschen das, was so schön ist, verderben – Leben in seiner ursprünglichen Bedeutung. Es lohnt, die ganze Linie zu erobern in einer Haltung positiver Liebe bei jedem kleinen Tun. Übe, übe, übe dich darin!«

Es war jedoch nicht so, dass Florence in ihren Freunden nur das liebte, was werden sollte; sie liebte den andern in seiner Ganzheit, so wie er war. Auch wo sie angriff, war ein Reichtum echter, menschlicher Zugeneigtheit der unveränderte Hintergrund. Die Sorgfalt und Herzlichkeit, mit denen sie andere überschüttete, waren grenzenlos. Geben war ihr eine Wonne. Wo sie merkte, dass andere etwas nötig hatten oder dass ihnen eine besondere Freude bereitet werden könnte, gab sie mit vollen Händen Kleidungsstücke, Früchte, Süßigkeiten, Kleinigkeiten, die sie beim Einkaufen entdeckt, und Dinge, die sie selbst verfertigt hatte.

Die Stimmen ihrer Freunde in St. Julian's finden ein lebhaftes Echo in einem Brief aus Ostafrika zur Zeit ihrer Reise in Kenia und Uganda zwei Jahre vor ihrem Heimgang: »Die Begeisterung, mit der sie besonders Dinge, die man ihr für die Reise gemacht hatte, annahm, und dieselbe schöne Freude im Verschenken dieser und anderer Gegenstände! Ostafrika muss besät gewesen sein mit Kleidungsstücken, Büchern, Taschen, Hüten, Gürteln, die sie uns zusteckte mit einem raschen: ›Das wäre gut für dich, ich brauche es jetzt nicht.‹ Sie liebte jeden schönen und gut gearbeiteten Gegenstand, und es war solche Freude, sie zu beschenken, dass sie viele derartige Besitztümer haben musste, aber wenige blieben lange bei ihr. Sie reiste mit leichtem Gepäck!«

Einen anderen bezeichnenden Vorgang ruft ein Glied der Gemeinschaft in St. Julian's zurück. Florence hatte sie gebeten, zwei kleine Hunde zu betreuen, die nachts gefüttert werden mussten. Als sie in ihr Zimmer kam, fand sie ein warmes Feuer im Kamin, eine wundervolle Vase mit bunten Herbstblumen, ein von Florence verfasstes Gedicht und ein Stück Schokolade. Es kam ihr plötzlich zum Bewusstsein, wie unordentlich sie den Kamin verlassen hatte, und dass Florence die Asche geleert und Holz und Kohle geholt haben musste, um das Feuer zu entfachen.

Ihr ganzes Leben lang waren Florence' Briefe voll von Sätzen wie diese: »Wenn du nach hier kommst, (d. h. in ihre Hütte in Mundesley), will ich dein Zimmer so schön wie irgend möglich machen.« »Ich wünschte, ich könnte dir etwas von all der Schönheit hier schicken: den Wind, der kosend über die Gräser streicht, oder den Duft von frisch gemähtem Heu und den Geruch der raunenden Schilfrohre im Wasser, die klare, reine Kühle – nicht viel Sonne, aber solch große, stille Klarheit. Du liebst das.«

Die natürlichen, menschlichen Anliegen ihrer Freunde sollten über den geistlichen nicht vergessen werden. Darum konnte sie, wo diese Gefahr bestand, auch mal einen Brief wie den folgenden schreiben: »Hast du auch deinen freien Tag ganz losgelöst von der Arbeit? Ich wünschte, du gingest unter heiligem Gehorsam, gingst auch einmal ins Theater oder Kino. Willst du nicht nächsten Montagabend einmal herauskommen, damit wir zusammen in die Stadt fahren? Du sitzt dort in deine Arbeit verbohrt und versuchst, zu gut zu sein. Ich denke, du solltest einmal heraus. Versuch's! Wir könnten dann auch in Ruhe miteinander reden.«

Ein kleines Stück Selbstenthüllung ist auch enthalten in dem Wort, das sie unter einige Verse schrieb, die ihr gefielen: »Was für eine heitere, mutige und reine Weise zu leben! Lasst uns alle Bitterkeit hassen und sie nie, nie, nie an irgendeinen Menschen weitergeben!«

Wer Florence Allshorn war

Wie kann man Florence in den Seiten eines Buches einfangen? Und wie ist es möglich, das strahlende und pulsierende Leben, das wir an ihr kannten, den sprühenden Geist und die überraschenden Einfälle wiederzugeben? Und doch möchte dieses und das folgende Kapitel wenigstens versuchen, etwas von ihrem Wesen zum Ausdruck zu bringen. Manchmal ist es ja so, dass man erst, nachdem ein Leben sein irdisches Ende erreichte, rückblickend dessen volle Bedeutung erkennt. Dann erst kann es als Ganzes geschaut werden.

Leben ist das Wort, das einem zuerst in den Sinn kommt, wenn man an Florence Allshorn denkt. Sie hatte ein unstillbares Verlangen danach. Leben – es war für sie gleich einer Flamme, die in vielerlei Farben aufstrahlt; Licht und Schatten mussten sofort geliebt und genützt werden, da der nächste Augenblick schon wieder eine neue Erfahrung brachte, und keine Gelegenheit würde sich genau so wiederholen.

Und dann die leidenschaftliche Liebe zu Schönheit, Ordnung und allem Geschaffenen. Die Welt war für Florence »geladen mit der Größe Gottes«. Sie war seine Schöpfung, und ihre vielgestaltige Offenbarung der Schönheit war ihr ein nie versiegender Quell der Freude. Wo immer diese Frau Hand anlegte, wusste sie sich in die Mitarbeit des lebendigen Schöpfers gestellt. Darum wurde sie nicht müde, in Haus und Garten Schönes zu schaffen. Ihr feines Empfinden kam zum Ausdruck in der Wahl ihrer Kleidung, in der Anordnung eines Zimmers oder einer winzigen Vase mit Blumen, in ihrer Liebe zu Bildern und Büchern oder feinen Stickereien, aber genauso liebte sie ein gut gebügeltes Tablettdeckchen, einen sauber geschrubbten Tisch oder einen glänzenden Fußboden; ein sorgfältig gedeckter Tisch, ein gut geschriebener Brief – alles konnte Schönheit ausstrahlen.

»Wir alle sahen«, schreibt eine Freundin, »wie unermüdlich ihr Bestreben war, ob sie nun noch jene eine vollkommene Rose suchte, damit sie den ganzen Strauß in der Kapelle verwandle, oder ob sie ein Bild zurechtrückte, um ihm die rechte Beleuchtung zu geben. Solche zeichenhaften Siege über das Unschöne oder nur Nützliche machten sie glücklich.« Und eine andere schreibt: »Sie verwandelte die Alltagsarbeit für die meisten unter uns in ein beglückendes Erleben. Es war spannend, mit ihr zusammen Stühle im Wohnzimmer zu arrangieren, Schüsseln in der Küche zu ordnen oder einen neuen Kaninchenstall zu bauen. Jede Einzelheit wurde bedeutungsvoll.«

Florence' Liebe zu Schönheit und Ordnung machte sie intolerant gegen alles, was nachlässig getan wurde. Alles Langweilige, Mittelmäßige, Halbherzige war ihr unausstehlich. Das erschien ihr wie eine Verneinung des guten und vollkommenen Gotteswillens. Deshalb genügte ihr nur der höchste Maßstab. »Wie kannst du nur zum Andachtsraum gehen«, konnte sie fragen, »und einen solchen Ausguss zurücklassen?«

Es war ihr ein Kummer, bei ihrer letzten Reise in Ostafrika Missionsstationen zu sehen, die ganz anders ausgesehen hätten, wenn die, die verantwortlich dafür waren, nur eine Ahnung von Landschaftsgärtnerei und ein für das Ganze geschultes Auge gehabt hätten.

Florence Allshorn verspürte in sich ein stetes Drängen, Dinge zu gestalten, ihnen Form zu geben. Und sie hielt das für die besondere Aufgabe der Frauen: Alles, was getan wurde, sollte ein Stück Liebe zum Ausdruck bringen.

Die schöpferische Haltung dem Leben gegenüber bestimmte ihr ganzes Blickfeld, auch die Fehler von gestern sollten nicht das Heute und Morgen verderben, wenn Gott sie vergeben hatte. »Ihr Sinn ist, dass wir daraus lernen, wesentlich ist, was ihr aus eurer Erfahrung macht«, dabei blieb sie.

Auch die Schönheit der Worte und anschauliche Sätze, beides erfreute sie. »Ich bin gewiss, deine Sprache wird plastischer werden durch den Empfang des heiligen Geistes«, schrieb sie einer Kollegin. »Gottes Geist befähigt dich zu einem aufgeschlosseneren Sehen, er macht dich auch aufmerksam auf anschauliche Worte. Ich sammle solche Worte ständig. Sobald ich ein anschauliches Adjektiv oder Sätzlein finde, notiere ich es mir, aber sie kommen mir auch von irgendwoher zu, und ich wiederhole sie unbewusst.«

Ihre Bejahung alles Geschaffenen machte sie zu einer großen Tierfreundin. Ohne ihre Tiere ist Florence Allshorns Bild unvollständig. Ihr ungebärdiger Hund Peter, die schmeichelnden Katzen, Pony Jock und Esel Markus gehörten sozusagen zur näheren Umgebung. Kleine, hilflose Tiere zogen Florence immer an. Sie schmiegten sich zufrieden in ihre Hände und spürten, hier waren sie geborgen. Das jämmerliche Blöken eines verlaufenen Lammes ließ ihrem Herzen keine Ruhe, bis sie es gefunden und der Mutter zurückgebracht hatte. Es war um diese Frau eine starke Macht der Geborgenheit, die alles Lebende liebend umschloss.

Florence besaß eine erstaunliche Vitalität, dank deren sie bereit war, noch stets irgendeine besondere oder anderen unliebe Arbeit zu übernehmen. Als eine Sehende bemerkte sie rasch, wenn eines der Mitglieder von St. Julian's einen besonders strengen Arbeitstag hatte. Dann kam sie und fragte, ob sie etwa beim Kartoffelschälen helfen könnte, oder ob etwas anderes getan werden müsste. Dabei teilte sich ihre sprudelnde Lebendigkeit anderen mit. Ein Wort im Vorübergehen oder gar ein kurzes Gespräch ließ jeden mit neuem Mut weitergehen, bereit, auch seinerseits alle Kraft in schöpferischem Tun einzusetzen.

Florence Allshorns intellektuelle Begabung war nicht außergewöhnlich, aber sie verfügte über eine gute und rasche Aufnahmefähigkeit. Eine begabte Studentin, die von der Universität ins Missionsseminar kam, war stark beeindruckt von den Vorlesungen, die Florence hielt und die nach ihrer Beurteilung in keiner Weise denen der Hochschule nachstanden. Florence' Lektüre erstreckte sich über weite Gebiete und war umfassend. Die Anschaffung eines Buchs gehörte zu ihren besonderen Freuden. Sie liebte Dichtung und las Romane mit Interesse. Biografien waren ihr stets wertvoll, und Veröffentlichungen auf diesem Gebiet entgingen ihr selten. Sie war auf dem Laufenden über neue Erkenntnisse und Entwicklungen. Besonders schätzte sie Bücher, die sie weiterführten. Florence war gut belesen in theologischer Literatur, aber sie zog Bücher über das Leben und die Person Jesu oder den Apostel Paulus den rein dogmatischen Werken vor.

Vor allem jedoch war ihr die Bibel Speise und Trank. Sie wurde ihrer nie müde und schöpfte bis zum Ende ihres Lebens immer neue Impulse daraus. Schon in Storrington hatte sie die Beziehung des Lebens zum inneren Wachstum eines Menschen hervorgehoben. »Nur unter Schmerzen wachsen und reifen wir. Ebenso ist's mit Büchern, es muss jedoch wirkliche kräftige Kost sein. Selbst Negatives, wenn es kraftvoll ist, ist besser als Milch- und Wassersuppen, nur müssen deine Fundamente in Ordnung sein.«

Auch ein gutes Organisationstalent hatte Florence. Das zeigte sich unter anderem in dem Geschick, Verantwortung auf verschiedene Schultern zu verteilen. Sie überließ die geschäftlichen Dinge ruhig anderen. Doch wenn schwerwiegende Entscheidungen gefordert wurden, übernahm sie die Führung mit einem Glauben, einer Energie und Klarheit des Urteils wie kein anderer.

Ihre hervorragendste Gabe jedoch war die des begnadeten Künstlers: das Sehen. Die Welt, die so viel Schönheit birgt, muss zunächst einmal gesehen werden, gesehen mit jenem inneren Erfassen, das ehrfürchtig staunend still steht vor den großen und kleinen Wundern der Schöpfung. Um bestaunt werden zu können, muss sie so gesehen werden, wie sie in Wirklichkeit ist. »Hört nie auf, um das Geschenk erleuchteten Sehens zu bitten«, mahnte sie ständig ihre Schülerinnen. »Sehen gehört zum Größten in dieser Welt. Ein Philosoph unserer Tage hat gesagt, der moderne Europäer habe das Sehen verlernt; er kann nur noch denken. Das Land ringsum ist voll lachender Schönheit, ich gehe nur eben hinaus, schaue hinein, sitze oder wandere darin. Die Zeit reicht nicht aus, um alles aufzufangen, was in den Halmen, den Blüten und Blättern wispert vom Sinn des Lebens.«

Es ging ihr um jene Einheit von äußerem und innerem Schauen, an dem man wächst. Sehen – wirklich sehen mit allen Sinnen Leibes und der Seele – war das Ziel, das Florence allen, die in ihrer Ausbildung standen, vorhielt. Anschauen sollten sie einen Baum oder ein Bild so lange, bis sie zu ihnen von ihrem Sinn sprachen. Eine ganze Woche hindurch sollten sie einmal jeden Tag das Pferd drüben im Nachbarfeld anschauen, um zu sehen, wie es wirklich war.

Dieselbe Forderung des begnadeten und wachen Sehens

lag ihrer Einstellung in der Frage mitmenschlicher Beziehungen zu Grunde. »Wenn jemand spricht, musst du den Menschen sehen – nicht was er sagt, sondern was er ist. Das vermagst du nicht, wenn du dich hinter deinen eigenen Anschauungen verschanzt. Du musst außerhalb deiner selbst sein, dich vergessen.« »Was mich erschreckt«, schreibt sie einer Kollegin in Gedanken an einen schwierigen Menschen, »ist die Art, mit der du das annimmst, was die Leute sagen. Es hat nicht viel Zweck, das zu tun, wenn man nicht auf das achtet, was hinter den Worten liegt.« Und wieder: »Die Menschen sind so liebenswert, wenn man sie ganz sieht.«

Ganz Jünger, ganz Mensch, und auch das Kind in ihr konnte übermütig durchbrechen. Ein Glied von St. Julian's schreibt zum Beispiel: »Bis zum Ende konnte ihr ein freier Tag in London großes Vergnügen bereiten, auch eine gemütliche Stunde in einem netten Café oder ein unerwarteter Anruf von jemandem, der sie im Auto mitnehmen wollte zu irgendeinem Unternehmen.«

Florence hatte einen unwiderstehlichen Sinn für Humor. Dafür nur ein Beispiel: »Sie veranstaltete einmal eine Weihnachtseinladung«, schreibt ein Teilnehmer. »Die Gäste – ein Bischof, eine junge Afrikanerin, ein deutscher Kriegsgefangener und viele andere heimatlose Menschen – waren sich großenteils fremd und saßen einander befangen gegenüber. Wie löste Florence den Bann? Sie bestand darauf, dass alle an einem Wettspiel teilnahmen, bei dem man die leere Hülle einer Streichholzschachtel durch zwei sich gegenüber stehende Reihen wandern ließ, und zwar von Nase zu Nase. Florence mit ihrer feinen schmalen Nase war gut daran, brach aber in hilfloses Lachen aus bei dem Bemühen, die Schachtelhülle zu der neben ihr stehenden Schwarzen hinüberzubalancieren, deren Nase nicht so unbedingt für dieses Spiel prädestiniert schien. Ich sah nachher die beiden in einer Ecke damit beschäftigt, ihre Nasen zu vergleichen; sie mussten doch herausfinden, warum es so schwierig gewesen war.«

Ein Mensch, dessen Augen und Sinne so offen waren für die Wunder und Vielgestaltigkeit der Welt und der auf alles, was die Aufmerksamkeit in einer immer lebendigen Gegenwart auf sich zog, so warmherzig reagierte, musste zu Zeiten selbst seinen Freunden rätselhaft erscheinen. Aber das Leben war so reich, so grenzenlos. Wie konnte es je in bleibende und schablonenhafte Form gepresst werden, nach der man sich ein für alle Mal richten sollte? »Aber das war doch gestern«, konnte Florence sagen, wenn man sie darauf aufmerksam machte, dass sie sich tags zuvor anders geäußert hatte.

»Sie war ein Mensch der Gegensätze«, schreibt eine Freundin, »praktisch und visionär, sprühend und streng, quecksilbrig und ernst. Ich sah sie in überschäumender Heiterkeit alle ihre Tischgenossen zu stürmischem Gelächter bringen, und ich sah sie eintreten in die dunklen Kammern einer Menschenseele mit der Gabe des Friedens. Man musste sich bei ihr auf alles gefasst machen. Nur eines war sie nie – langweilig und konventionell.«

»Florence hatte ein herrliches Verständnis für das Paradoxe«, sagt eine ihr nahe stehende Freundin, die während der ganzen Zeit in St. Julian's bei ihr war, »sowohl für dessen Auswirkungen im Alltag als auch im Dogma. Ich selbst hatte keinerlei Verständnis für den Sinn des Widerspiels – für mich war es ganz einfach Widerspruch. Ich stand Qualen aus in dem Bemühen, sie zu verstehen, wenn sie so unmöglich widerspruchsvoll zu sein schien.«

Paradox – und doch in seltenem Maß ein Mensch, der zur Ganzheit gekommen war; Glaube, Denken und Sein waren im Einklang miteinander. Ihre Gedanken, ihr Sehen und Fühlen, selbst ihr körperliches Befinden, alles war dem durchdringenden und umgestaltenden Einfluss ihrer Gemeinschaft mit Gott unterworfen.

Wir versuchten in diesem Kapitel zu schildern, was natürliche Disposition und Begabung war, aber überall leuchten schon dazwischen Beweise für die umgestaltende Macht der Gnade auf. Deshalb müssen wir uns nun dem Glauben zuwenden, durch den ihr ganzes Leben bestimmt und geführt war.

Ihre Lebenseinstellung

Der Vielgestaltigkeit, mit der Florence auf eine sich immer wandelnde Wirklichkeit einging, lag eine unwandelbare Eindeutigkeit der Richtung zu Grunde. Was ihr Leben so fruchtbar machte, war wohl, dass sie es nüchtern in seiner Ganzheit von Gott her sah.

Die ganze Natur, immer neu Anlass zu jubelnder Freude, war ihr die Offenbarung göttlicher Schönheit. Die Menschen, in denen sie unendliche Möglichkeiten schlummern sah, waren Gottes Geschöpfe, von ihm zu einer ihn preisenden Vollendung bestimmt. Gott war ihr tatsächlich höchste Wirklichkeit. Sie erzählte einmal, dass sie in ihrer Jugend Erbsen in ihre Schuhe steckte, die ihr helfen sollten, an Gott zu denken. Jemand, der sie erst in den letzten Jahren ihres Lebens kennen lernte, sagt:

»Florence schien ständig ja zu Gott zu sagen und deshalb auch zum Leben. Denn Florence' Antwort Gott und dem Leben gegenüber war nie das frömmelnde oder halbherzige Ja, das so manche von uns geben, jener halb bewusste Gehorsam, der so oft das Leben farblos macht.

Gerade ihre Zustimmung, ihr Gehorsam gaben ihrem Leben Farbe und vollen Klang. Ihre ganze freudige Bejahung befähigte zugleich andere, eine neue Welt zu sehen, durchglüht von Schönheit und Licht.«

»Es gibt nur eine wirkliche Probe für die Echtheit unseres Gebetslebens«, schreibt Florence einer Freundin. »Wollen wir Gott ganz ernsthaft? Wollen wir ihn so, dass wir weiter beten, und wenn es fünf, sechs oder zehn Jahre dauern sollte, mit jener unermüdlichen Bestimmtheit, die nicht ablässt, selbst dann nicht, wenn alles erfolglos scheint? Das erste Anliegen des Gebets ist, Gott näher zu kommen – wir und unsere Anliegen sollten an zweiter Stelle stehen.

Wir können nicht hinabsteigen zu den tiefen, inneren Quellen unseres Seins, dorthin, wo verborgene Sünde neben dem Guten liegt. Der Grund unserer Seele – nicht das oberflächliche Ich, in dem wir uns meist bewegen – ist der Ort, da Gott handelt. Ich wünsche dir nicht bessere Verhältnisse, ich möchte aber, dass du darüber stehst – dich ausstreckst. Das ist der Weg.«

Und in einem anderen Brief: »Halte den Blick auf Gott gewandt, nicht auf Menschen. Das ist die Lösung – offen sein für Gott, ihm zugewandt. Ich wünsche, ich könnte dir ein wenig Schönheit schicken. Halte durch, das Allerschönste in der Welt ist bei dir – Gott.

Ich fürchte, es ist schon so, dass es wenig Tage gibt, an denen wir zu Gott emporschauen können und sagen: ›Es war ein wundervoller Tag mit dir.‹ Meistens ist es die Arbeit, die Menschen und unsere Reaktionen darauf, die unsere müden Sinne am Ende des Tages füllen.«

Florence spricht einmal sehr anschaulich vom Praktizieren der Gegenwart Gottes: »Der einzige Weg, auf dem ich etwas erfahren kann, besteht darin, dass ich es tue. Und eines weiß ich von mir aufs Gewisseste, nämlich dass es einen himmelhohen Unterschied ausmacht, wenn man sich ganz still Gott hingibt und nichts tut, als seinen Willen behutsam auf ein kurzes Gebetswort richten wie etwa: ›O Gott, ich möchte dich‹, oder ›Hier bin ich, Herr, und hier bist auch du.‹

Es ist genau so, wie wenn man sich in die Sonne legt und sich ihr darbietet, damit die Strahlen der Sonne ihr Werk an Leib und Sinnen ausrichten. Genau so wirkt sich die Hingabe deiner Seele an Gottes umgestaltende Macht auf dich aus. Und ich bin überzeugt, so gewiss die Sonne deine Hautfarbe ändert, so gewiss verwandelt die Macht der Gnade dich im Innersten.«

Gott sehen heißt befreit werden von aller Furcht und Schwachheit. »Denke daran«, heißt es in einem Brief, »erfasse es und lass es sich spontan auswirken – Gott ist die stärkste Macht in allen Lagen.« Und noch einmal: »Ich würde sagen, dass die Umstände für dich sind, wenn du wirklich Kontakt mit Gott bekamst und eine Mitteilung seiner Kraft. Das geschieht dadurch, dass du in jeder winzigen Minute mit jenem Kontakt rechnest und aufschaust und sagst: ›Ich bin so froh, dass du die ganze Zeit da bist.‹ Hab Glauben an Gott. Glaube heißt wirklich damit rechnen, dass etwas Positives herauskommt, trotz aller Dinge, die stracks dagegen sprechen. Unglaube, Gleichgültigkeit, Langeweile, Furcht werden dich überfallen wie Mückenschwärme, dann geh deinen Weg im Glauben an die Wahrheit. Ob nun das, was dich bewegt, möglich oder unmöglich aussieht, ist in Wirklichkeit nicht deine Angelegenheit. Du hast deine Aufgabe darin, aber du wirst unterliegen, wenn du den Glauben fahren lässt, dass Gott auch seine Aufgabe darin hat. Er wird die Sache zum Ziel führen, nicht du.«

Auf Gott sehen und nicht bei sich und seinen Sünden stehen bleiben, betrachtete Florence Allshorn als das

Geheimnis geistlichen Wachstums. »Ist das Wort: ›Er führte mich heraus auf weiten Raum, er riss mich heraus, weil er Wohlgefallen an mir hatte‹ (Ps. 18, 20) nicht wundervoll? In demselben Maße, wie du deinen Blick auf den Vater gerichtet hältst, überwindest du deine Sünde. Du steigst zu seinen Höhen empor, rascher als wenn du im Finstern tappst und deine Sünden beschaust. Wirkliche Sünde ist so verzehrend. Wir vermögen nichts zu tun, wenn nicht das Feuer des Gottesgeistes stärker in uns brennt als unsere sündige Leidenschaft, und es muss uns machtvoll durchglühen.«

»Florence«, schreibt eine ihrer Freundinnen, »erklärte Gott nicht nur für größer als alles, was wir erdenken können, sondern handelte auch danach. Sie setzte der Liebe, der Freigebigkeit und dem Verstehen Gottes niemals Grenzen, und infolgedessen gab es auch bei ihr keine enge Begrenzung.« Oder: »Jemand konnte in ihr Zimmer kommen und zuerst stark von ihr selbst beeindruckt sein. Doch wenn man nach dem Gespräch mit ihr den Raum verließ, hatte man sie beinahe vergessen, so sehr war die Nähe Gottes zu spüren gewesen.«

In Florence' Sicht bestand das Grundübel darin, dass Gott in den Hintergrund gedrängt worden und nicht länger mehr die zentrale Tatsache des Lebens war. »Der Kampf für uns, die wir uns Christen nennen, geht darum, dass Gott den ersten Platz in unserm Leben bekommt.« Verwerfung Gottes schien ihr der Grundzug der Verweltlichung.

Als Florence gegen Ende ihres Lebens nach Afrika fuhr, war das die Sorge, die sich ihr schwer auf die Seele legte. »Ihr seid alle so tüchtig«, konnte sie ausrufen, »wohin ich immer gehe, ist jedermann so früh auf, so geschäftig, so gut! Aber überall steht Gott so sehr im Hintergrund. Wir halten uns für wichtiger als Gott, die

Regierung ist uns wichtiger als Gott, der Schulinspektor ist wichtiger als Gott, und unsere Stimmungen nehmen wir wichtiger als Gott.« Den Sinn für die stets gegenwärtige, über alles wichtige Wirklichkeit Gottes wieder zu erlangen, schien Florence die vordringlichste Aufgabe unserer Zeit.

»Einige unter uns«, heißt es in einer Ansprache, »müssen wohl bereit sein zu einem Gelübde der Hingabe an Gott, das ebenso unwiderruflich ist wie das der Mönche des Mittelalters. Kleine Gruppen ganz hingegebener Menschen, die lebendige Gemeinschaft mit Gott und untereinander haben und die in der Welt leben, ohne von der Welt zu sein. Das Christentum wurde verwässert und abgekühlt, es wurde überschwemmt mit dem Säkularen; unser Christsein muss wieder entzündet und durchblutet werden von Gottes Geist. Glieder solcher Zellen müssen bereit sein, die zweite Meile zu gehen, gehorsam, hellhörig und selbstlos. Vielleicht könnte von hier aus das Zeugnis an die Welt neu erweckt werden.«

Gott bedeutet alles für Florence, er, die Quelle der Liebe. Seine Liebe war das Höchste und Endgültige im Kosmos. »Liebe«, schreibt sie, »ist der einzige Weg. Sie wäre leichter auszuüben, wäre es nur Liebe. Aber weil es um die Liebe und Wahrheit geht, ist es so schwierig.«

Liebe und Demut – auch sie untrennbar. Sie schienen für Florence die einzigen Dinge, die in der ewigen Welt von Wert waren. Florence wusste ja, dass allein die Glut göttlicher Liebe, die in Jesus Christus Gestalt annahm, im Menschenherzen eine Flamme der Liebe entzünden und brennend erhalten kann. Im Anschauen Jesu hatte sich in ihrem Herzen jene Flamme entzündet. Es war kein abstraktes Ideal der Heiligung, das Florence in ihrem Streben nach Vollkommenheit vor Augen stand, sondern das lebendige Bild Jesu.

»Ich überlege mir, was eine Missionarin – überhaupt jeder Zeuge Jesu – mit einer Schauspielerin gemeinsam hat. Ist es nicht das, dass es sie danach verlangt, Jesus in sich Gestalt gewinnen zu lassen und zum Beispiel zu fühlen, wie er fühlte, wenn ihn jemand verwundete oder enttäuschte? Das eben tut eine Schauspielerin – sie lässt den, den sie darstellt, in sich lebendig werden, und versucht zu empfinden, was der, dessen Rolle sie wiedergibt, empfand. Ich denke, das ist es. Sie streckt sich danach aus, ›jener andere‹ zu sein, für uns aber ist jener andere Christus. Ich möchte so gelassen sein, wie er war, wenn Menschen uns unterkriegen wollen. Jesus wusste und lebte es: ›Der Vater ist bei mir‹, d. h. wir haben mit ihm zu tun und nicht mit den kleinen Teufeln in unserem Geist, die uns unglücklich machen.«

»Vor allem andern«, schreibt eine Freundin, »war Jesus lebendige Wirklichkeit für Florence. Sie führte gerne Maeterlincks Wort an, dass ein Menschenherz nicht glücklich sein kann, wenn es nicht etwas besitzt und liebt, das rein ist, und sie konnte dann sehr beredt von der großen Freude reden, die unser ist, wenn wir etwas lieben, das rein ist. Das vollkommene Leben Jesu nahm sie ganz gefangen. Sie hatte seine Wege lieb gewonnen und sprach stets von Jesus als einem, der unsagbar wirklich für sie war. Florence sprach so natürlich darüber, und alle, die sie hörten, merkten, dass sie von etwas sprach, das sie aus Erfahrung kannte.

›Wenn man jemand sehr lieb hat‹, pflegte sie zu sagen, ›vergisst man ihn nicht, es ist wie ein stilles, klares Leuchten im Hintergrund all unseres Tuns. So sollten wir Jesus lieben.‹«

Florence blieb dabei, dass das ganze Werk der Erlösung sich in der Arena des Lebens auswirken müsse. Menschwerdung, Sterben und Auferstehung sind Erfahrungen, die in seinen Jüngern wieder und wieder lebendig werden müssen.

»Ich wünsche dir«, heißt es einmal, »Leiden und Kampf und bleibende Freude des Siegs. Alles andere dünkt dich Kinderei, wenn du wirklich Jesus gesehen hast.«

Sie entdeckte immer neue Strahlen seiner Herrlichkeit. »Was du mir im Bilde Jesu gezeigt hast«, schreibt sie einer Freundin, »beglückt mich so. Ich kann nicht davon loskommen. Er sagt nicht: ›Sei so, und du wirst gut sein‹, sondern: ›Sei so, und du wirst frei werden und voll Freude, und das ist der einzige Weg zum Glück.‹ Es geht nicht um das, wie andere auf dich wirken, sondern wie du auf andere wirkst. Darauf kommt es an. So hat Gott die Beziehungen zueinander geordnet, und ich törichtes Wesen wollte den Schmerzen meiner Aufgabe hier entrinnen und sehe jetzt, dass mich das nicht glücklich gemacht hätte. Was mich beglückt, ist das Annehmen der Gegebenheiten meines Lebens, und ich war sehr froh in letzter Zeit, denn ich sah den Herrn Christus.«

Florence' Liebe zu Jesus war der Anker, der in allen Bedrängnissen hielt. Bei ihrem letzten Besuch in Afrika riet sie einer Gruppe von Missionsleuten, sich mit Astronomie zu beschäftigen, um etwas von den Wundern des Kosmos zu erfahren, denn »unsere Vorstellung von Gott ist zu klein und armselig«. Eine der Anwesenden meinte darauf, dass diese Unermesslichkeit sie erschrecke und ihren Glauben erschüttere. Florence' Angesicht erhellte sofort ein glückliches Lächeln, als sie antwortete: »Du musst nur lernen, in diese Wunder und Welten zu schauen und zu sagen: ›Ich glaube an Jesus Christus‹, du musst allem ins Gesicht sehen und sagen: ›Ich glaube an Jesus Christus.‹«

Nur das Anschauen Jesu schafft die Qualität der Liebe, die er haben will.

»Wenn ich überhaupt einen Rat zu geben habe, möchte

ich euch bitten, in eurer Bibel Jesus und seinen Umgang mit Menschen genau zu studieren, bis seine Art immer wieder in euren Herzen aufstrahlt und brennt, wenn euch Ähnliches begegnet. Zugleich möchte ich euch bitten, um die Liebe Jesu zu beten, und zwar mit größerer Leidenschaft und Beständigkeit, als ihr je in eurem Leben gebetet habt, und dann verweigert euch der Niederlage. Vielleicht könnt ihr nicht mehr tun, aber gebt der Niederlage keinen Raum!«

Was Jesus sehen praktisch bedeutet, mag in zwei Illustrationen sichtbar werden.

»Es sind stets die nur religiösen Menschen, die so viel verderben. Verstehst du nicht, dass es so ist, weil sie nicht sahen? Missionarin, Bischof oder Lehrerin in Afrika zu sein, kann die Versuchung bedeuten, Etwas zu sein, groß geschrieben! Mancher erliegt der Gefahr, daran wird immer offenbar, dass die Betreffenden nicht restlos Christus gehörten. Vielleicht sind sie landläufig fromm, aber sie sind nicht Jesu Eigentum, sie sahen ihn noch nicht. Deshalb haben sie die Errettung viel nötiger als die Heiden.«

Und einer früheren Schülerin, die in Afrika in der Arbeit stand, schreibt sie: »Siehe, wenn Jesus A. begegnet wäre, A. mit dem lauernden Blick, sein Herz wäre voll Mitleid gewesen, weil dies Kind für einige Zeit von Dämonen besessen war; er hätte es gesund gemacht und A. wäre anbetend zu seinen Füßen niedergefallen – geheilt. Wir sind so machtlos und vermögen nicht, jene befreienden Handlanger Jesu zu sein, denn unsere Ich-Gefühle versperren so oft den Weg. Wir sehen Gott nicht, denn wir sehen die Menschen so bedrückend im Vordergrund und lassen uns dadurch den Blick verdunkeln, sodass wir auf Abwege geraten. Jene falsche Sicht beeinträchtigt unser übriges Sehen. Aber eines Tages wirst du vor A. stehen mit nichts als einem grenzenlosen Erbarmen in deinem Herzen, und dann, obgleich du es vielleicht nicht siehst, wird etwas an A. geschehen – ich glaube das für jeden, dem du dort begegnest.«

Florence wusste aus eigener Erfahrung, wie solches göttlich inspirierte Mitleiden wirken kann. Ihre Mitarbeiterin in Uganda hatte einst eine ihrer schlimmsten Launen und hatte Florence bittere, verletzende Worte an den Kopf geworfen. Florence blieb still. »O Gott«, betete sie im Herzen, »hilf mir, mitzuleiden und zu lieben.« Sie hielt sich Gottes tiefes Erbarmen vor, bis plötzlich die ärgerlichen Worte aufhörten und die ältere Frau sagte: »Du wirst nie ermessen können, welche Hilfe du mir erwiesen hast«, und still in ihr Zimmer ging.

Weil Liebe für Florence Freude und Krönung des Lebens waren, wünschte sie nichts sehnlicher, als dieses Sich-wichtig-Nehmen zu überwinden, diesen Egoismus, der unsere Schritte einengt und hemmt und uns davon abhält, unserem wahren Wesen Raum zu geben. Sie wusste wohl, dass das Gelöstwerden vom Egoismus immer ein schwerer, schmerzhafter Prozess ist; aber er ist unerlässlich, wollen wir über uns hinaus Gottes Ziele erreichen.

»Es lohnt nicht, sich immer ums eigene Ich und die verletzten Gefühle zu drehen. Es ist so töricht, die Stöße eines Menschen, der im Gefängnis sitzt und um sich schlägt, persönlich zu nehmen. Frei werden von sich bedeutet frei werden, um zu lieben. Doch unser törichtes Ich möchte, wenn wir ganz ehrlich sind, viel lieber gesichert innerhalb der engen Wände seiner Veranlagung bleiben. Darum beharren wir so zäh bei unserer Selbstverteidigung, obgleich wir sagen, dass wir frei sein möchten.«

Sich dem Eigenleben hingeben ist aber auch Untreue: »Wo immer wir sind, gibt es Verkehrtheiten, oft kaum bemerkt, aber sie sind da, und wir sollten die erlösende

Liebe Jesu in diese Zustände hineintragen. Doch wenn wir den Weg der Erlösung betreten und plötzlich zurückbleiben, weil dieser Weg für unseren Stolz, unsere Nerven, unser Gefühlsleben oder unsere Bequemlichkeit Schmerz und Verzicht bringt, dann sind wir ganz und gar untreu. Die ganze Welt krankt am Egoismus. Warum muss das so sein? Warum wollen wir Menschen das nicht sehen?«

Nur Menschen, die sich lösen lassen von der verkehrten Eigenheit, vermögen anderen zu helfen und sie aus der Dürre der Eigensucht herauszuführen in fruchtbares Land.

»Vielen Christen«, schreibt sie in einem Artikel, »wurde die erste Wegstrecke der Nachfolge gezeigt, nämlich Vergebung der Sünde. Die zweite jedoch, Errettung aus der Herrschaft der Ichsucht, blieb ihnen verborgen. Hier kommen sie vom Wege ab und beginnen durch Ödland zu wandern. Wir müssen etwas von der Errettung aus unserem Eigensein und So-Sein erfahren haben; ich meine jene Errettung, die das Ich Gott ausliefert. Es ist eine lange und kostspielige Sache, das zu lernen. Wenn wir selbst nicht immer neu bereit sind zu lernen – ein Lernen, das uns frei machen will von jedem Hauch der Selbstzufriedenheit, mit der wir uns sicher wähnen, weil wir so viel Erkenntnis haben oder in christlicher Arbeit stehen – können wir niemand aus der Unfruchtbarkeit herausführen. So viele weigern sich, sich selbst in einer tiefen und schmerzhaften Weise zu sehen. Das ist der Grund, weshalb wir verhältnismäßig wenig geistliche Führer haben.«

»Ich weiß nicht sicher«, schrieb sie in einem Brief, »ob wir noch auf etwas Besonderes warten sollen. Ich glaube, wenn unsere Augen geöffnet wären, merkten wir, dass es schon begonnen hat. Gottes Geist ist da, in einzelnen Menschen, in kleineren oder größeren Gruppen. Wenn wir nun gehorsam sind, wird er weitere Kreise erfassen und durch Völker und Rassen gehen. Aber wir sind ja nicht willig, unsern Geist von allem Unrat reinigen zu lassen.«

Florence wusste, dass Gott ihr selbst als Antwort auf ihr ernstes Suchen und Bitten eine weitgehende Befreiung geschenkt hatte. »Ich weiß nicht genau, wie ich dieses Mit-mir-selbst-beschäftigt-Sein verlor, ich ließ mich einfach los in Jesu Hände und liebte Gott und die Menschen.«

Hier stehen wir wieder vor dem Paradox – dem großen Widersinn geistlichen Lebens. Florence' stete Betonung lag auf der Selbstverleugnung. Ihr Hauptanliegen war es, erlöst zu werden von dem Sich-selbst-verhaftet-Sein. Gleichzeitig konnte sie mit ihrem ganzen Sein erklären: »Ist es nicht wundervoll zu leben?« Wir sahen, wie alle Schönheit in Gottes Schöpfung sie begeisterte. Nachdem sie sich grundsätzlich von der eigensüchtigen Liebe zur Welt losgesagt hatte, erlebte sie die Wahrheit des Paulus-wortes: »Alles ist euer.« Im Verlieren des Lebens hatte sie es gefunden. Wiedergeboren zu einem Leben in rückhalt-loser Liebe zu Gott und den Menschen, wandelt sich ihr das Entzücken über die Welt, die Gott geschaffen hat, zu ständiger Anbetung. Der Genuss der Schönheit gehörte für Florence mit zu dem überfließenden Leben (Johannes 10,11), das Jesus seinen Jüngern versprochen hat.

Sie war tief überzeugt, dass alle echte Schönheit ihren Ursprung in Gott hat. Deshalb wollte sie auch das Heim, in dem Gottes Kinder wohnen sollten, so schön wie mög-lich gestalten. Das bedeutete für Florence eine Verherrli-chung des Vaters, auch darin sollte sich etwas von ihm widerspiegeln. Für dies alles fand sie ein Vorbild in jener Frau, die den Alabasterkrug mit kostbarer Narde über Jesu Füße goss, so dass das Haus erfüllt war vom Wohl-geruch der Salbe – eine Geschichte, die sie sehr liebte.

St. Julian's war ausgesprochen geschmackvoll eingerichtet. Völlige Hingabe an Gott schloss nach dem eben Gesagten auch das Gebiet des Schönen ein, das wir so oft von Gott lösen. Florence versuchte, es unter die Herrschaft Jesu zu bringen. Sie kannte für sich weder ein Gelübde der Armut, noch lebte sie in der Einöde. Doch sie blieb nach ihren eigenen Worten nicht auf halbem Wege stehen. Das aber ist das Wesen eines hingegebenen Lebens. Armut des Geistes und Selbstverleugnung suchte sie von ganzem Herzen. Und in dem Maße, als ihr das geschenkt wurde, war es ihr wohl in des Vaters Welt, und sie ehrte ihn in der Totalität seiner Schöpfung.

Florence' Einstellung offenbart sich – unbeabsichtigt, wie es bei ihr meist der Fall ist – in folgendem Brief: »Was den Besitz betrifft, so verhält es sich hier wohl wie mit allem Übrigen. Man muss bereit sein, den ganzen Weg zu gehen, wenn man etwas tun will, das sich lohnt. Den ganzen Weg gehen kann man im Leben nur in einer Sache auf einmal und nur, wenn man weiß, dass man nicht anders kann. Dann wird es Berufung. Man kann sich in unseren Verhältnissen nicht dem Ideal völliger Besitzlosigkeit verschreiben, wenigstens ich kann es in meiner Arbeit gegenwärtig nicht. Was heute fehlt, ist das Leuchten der Schönheit. Der Versuch, sparsam zu wirtschaften, bedeutet meistens eine Degenerierung in der Richtung der Mittelmäßigkeit, nicht nur in materiellen Dingen. Solche Einstellung sickert durch zu den feineren Anliegen. Ich musste alles auf eine etwas höhere Ebene schieben, denn man schien sich allmählich zu sehr mit einem ›es geht auch so‹ zufrieden zu geben.

Im Ganzen geht es wohl darum, dass man in allem, was man tut, aufbauend wirkt. Das ist mein Bestreben, wenn ich bei allem Gestalten auf Schönheit achte, die Gott ehrt.

Es gibt gewiss auch eine Berufung zur Schönheit oder

zum Besitz, genauso wie zur Armut, um solchen das Gegengewicht zu halten, die sich gar so schnell zufrieden geben mit einer gewissen Armseligkeit. Solange mir ein giftgrüner Teppich einen Stich gibt, so oft ich ihn ansehe, rege ich mich nicht auf, aber sobald ich mich daran gewöhne, kämpfe ich um einen andern. Ich möchte nicht Besitz anhäufen, doch liebe ich eine schöne Umgebung und künstlerische Gegenstände. Aber es ist möglich, dass ich zu großes Gewicht darauf lege, weil der Hintergrund meines Lebens immer so unbeständig war.«

Ein ähnliches, gottgeschenktes Entzücken an schöpferischem Entwurf finden wir etwa in der liebenden Sorgfalt, die im Mittelalter an kostbare Handschriften der Evangelien und Psalter gewandt wurde. In großem Stil kam diese Hingabe der Schönheit an Gott im Bau himmelstrebender Kathedralen zum Ausdruck.

Florence' hingebende Schönheitsliebe hatte ihre Wurzel in dem Bewusstsein, dass, wenn man Gott von ganzem Herzen liebt, man um seinetwillen alles so gut wie nur irgend möglich tun sollte. »Habt ihr eine Schule oder ein Seminar zu leiten, muss alles von Gott zeugen. Seid ihr verantwortlich für die Führung einer Missionsstation, so muss auch die äußere Anlage und Ordnung von der Gnade reden, die ihr verkündet. Richtet ihr ein Heim für Gäste ein, so müsst ihr alles tun, was in euren Kräften steht, es so schön und ausruhsam wie möglich zu gestalten.« Florence wusste ebenso, dass, je vielseitiger eines Menschen natürliche und geistige Interessen sind, auch das Material umso reicher ist, das die Gnade umwandeln und der heilige Geist gebrauchen kann.

Es gibt natürlich keine einfache oder endgültige Aussöhnung zwischen den widerstreitenden Ansprüchen, die das Leben an den Einzelnen stellt. Die unüberhörbare Stimme der Unglücklichen, der beunruhigende Notschrei ungeborgenen und ungesegneten Lebens steht in ständigem Gegensatz zu der Freude an der Schönheit und ihrer Gestaltung. Wir können der Spannung nicht ein für alle Mal in einer einmaligen Entscheidung entrinnen. In diesem Kampf vermögen wir nur zu bestehen in täglich neuen, kleinen Gehorsamstaten, zu welchen Gott uns in einer immer wechselnden lebendigen Gegenwart ruft.

Die Liebe zu Schönheit und Schöpfung war kein uferloses Hingegebensein, sondern hineingeordnet in ein Leben, das unter der Führung der Gottesliebe stand. Florence' Pflege der Schönheit sollte weit mehr andere erfreuen als sie selbst. So hatte sie in Barns Green einen behelfsmäßigen Raum außerhalb des Hauptgebäudes. Wenn zu wählen war, bestand sie darauf, dass die älteren und schäbigeren Möbel in ihr Zimmer kamen. Es wurde schon gesagt, dass ihr Leben durch ein seltenes Empfinden für das Gleichgewicht und ein Gleichmaß richtiger Verhältnisse ausgezeichnet war. Liebe zu Gott, Liebe zum Menschen, Liebe zu Gottes Schöpfung, das war die Ordnung, an der sie beständig festhielt. Um den Preis bedingungslosen Gehorsams und täglicher Selbstdisziplin entfaltete sich ein Leben von solchem Reichtum, dass von ihm noch lange immer neue Anreize zu gelebter Liebe ausgehen werden.

Man denke ja nicht, dass die Erkenntnisse und Siege, in die diese Kapitel ein wenig hineinsehen lassen, leicht errungen waren. Florence führt kein Konto der Zweifel, die ihr Innenleben anfielen. Ihre Gedanken waren so ausgefüllt von Gott und den Bedürfnissen ihrer Mitmenschen, dass sie keine Aufstellung ihrer eigenen Kämpfe niederlegen konnte.

1941 begann sie zwar ein Tagebuch; doch enthält es nur wenige Eintragungen in weiten Abständen. Eine Stelle aber – ziemlich zu Anfang – zeigt, dass sie auch quälende

Fragen befielen: »Natürlich ist Gott. Aber wenn er doch nur einmal aus der Verborgenheit herausträte! Was man auch immer sagen mag, es ist nicht einfach, jemanden, den man nie sieht oder hört, zu lieben. Wie seltsam ist es doch, ich begann meinen Weg im Blick auf ihn und den neuen Auftrag der Liebe. Auch sprach ich viel darüber und bemühte mich, ihm gehorsam zu sein. Allerdings war der Gehorsam oft nur sporadisch und mittelmäßig. Und das große Gebot der Liebe ist es wieder, das mich heute Nacht nicht zur Ruhe kommen lässt. Ob mich Gott zu bewussterem Gehorsam ruft?«

Die Frage des Leidens verfolgte Florence ihr Leben lang. Sie sagt in einem Brief, der noch in Storrington geschrieben wurde: »Weder las noch hörte ich je etwas, das die ganze Weite und Tiefe des Leidens zum Ausdruck bringt: Katastrophen, Erdbeben, Springfluten und alles Grauen dieser Dinge – es bleibt ein Rätsel, warum Gott sie nicht verhindert. Ich weiß, sie können nicht erklärt werden, und man muss vertrauen über sie hinaus. Aber hier liegt mein Kampf.«

Und in einem anderen Brief: »Ich hatte ein kleines, doch für mich schreckliches Erlebnis und konnte nicht fertig werden mit der Frage, warum gerade ich das Kaninchen, das sich in einer Falle so furchtbar zugerichtet hatte, töten musste. Erst als ich mich in das Wort ›Gott ist Liebe‹ hineinflüchtete, wurde die Sache tragbar; und dann am Sonntag beim Abendmahl ging es mir plötzlich auf, dass Gott mir seinen Kelch reichte, nicht nur wie gewöhnlich an seinem Tisch, sondern dass er mich ganz eindeutig bat, jene kleinen Züge unerklärbarer Geschehnisse willig aus seinem Kelch zu trinken.«

Der Kampf, den es kostet, geistliche Erkenntnisse ins praktische Leben umzusetzen, wird nicht selten erwähnt. »Ich weiß, es ist nicht leicht«, oder »es ist schwierig«, sind

Sätze, die häufig in Florence' Briefen wiederkehren. Und alle, die mit ihr zusammenlebten, wissen, dass sie oft sagte: »Das erste, was ich Gott fragen werde, wenn ich zu ihm komme, ist, warum doch alles so schwierig sein muss.«

Für Florence Allshorn war die Nachfolge solch ein Kampf, weil sie nicht etwas war, zu dem man sich lediglich bekannte, was man glaubte oder worüber man sprach und nachdachte, sondern etwas, das man lebte. Deshalb rang sie unermüdlich darum, echter zu werden.

»Ich sehne mich so danach, die Wahrheit über mich selbst zu wissen, damit ich echt werde. Unecht sein hindert jedes Wachstum. Das bedeutet Kampf, und ich weiß etwas davon zu sagen; aber ich lernte dabei auch mehr als auf jede andere Weise, wie jedes Wirklichsein weitere Leben unserer Umgebung beeinflusst. Es geht dann etwas Lebendiges von uns aus.«

Florence zitierte folgenden Satz: »Diejenigen, bei denen die Wahrheit wohnt, weil sie sie leben, werden von anderen aufgesucht; während solche, die lediglich mit der Ausbreitung einer Lehre beschäftigt sind, eine Zuhörerschaft suchen müssen.«

In ihrem eigenen Leben waren Wort und Tat in bemerkenswerter Weise in eines verschmolzen.

Florence war eine Kampfesnatur. »Man überlegt sich oft«, schrieb sie, »wie weit man still liegen und nachgeben soll und wie weit man sich erheben darf, um zu kämpfen. Von Natur liegt es mir zu kämpfen; ich muss es lernen, sanftmütig zu werden.« Nie ging sie Schwierigkeiten aus dem Wege, wo immer sie Ungutes sich einnisten sah, war ihr erster Impuls, zum Angriff vorzugehen.

Allerdings empfand Florence, besonders in späteren Jahren, damit zusammenhängend manchmal eine gewisse Einsamkeit. Sie war so eifrig in der Verfolgung ihres hohen Ziels, dass sie andere zurückließ. So schrieb sie einmal:

»Manchmal erschrecke ich. Viele lieben nur das Mittelmäßige und lieben auch in mir nur dieses, weil es sich ein wenig kraftvoller äußert als bei ihnen. Doch sie lieben nicht meinen Kampf für das Reine und Vollkommene. Hier gehen wir auseinander, nur mich möchten sie sehen und nicht das, was ich in ihr Blickfeld rücken möchte, weil es so viel besser ist als ich.«

Das Ausstrecken nach Vollkommenem war zum Teil natürliche Veranlagung. Aber sie wurde wesentlich vertieft durch die Schau biblischer Vollkommenheit.

»Jesus Christus verlangte das Unmögliche. Warum sollte er für etwas sterben, was du für dich selbst zu tun vermagst? Lass uns darüber ganz klar sein. Er verwässerte nichts. Gute Taten allein genügen nicht. Selbst Liebe ist ungenügend, wenn es nicht Liebe von der Art ist, die Paulus zu dem Ausruf brachte: Und gäbe ich alle meine Habe den Armen und ließe meinen Leib brennen und hätte der Liebe nicht, so nützte es mir nichts.

Wenn unser Leben andere inspirieren und erziehen soll, muss es ein Leben der Liebe, der Freude und des Friedens sein. Das sind die Früchte des Geistes; ihrem Wachstum in jeder Einzelheit unseres Lebens Raum geben, ist eine Aufgabe, die uns ganz fordert.«

Ein Ausspruch von Péguy hatte ihr Eindruck gemacht: »Ein Wort ist bei dem einen Schriftsteller nicht dasselbe wie bei einem anderen. Der eine reißt es sich vom Herzen, der andere zieht es aus seiner Rocktasche.« Sie geht in einem Brief darauf ein: »Ich sehe das so klar vor mir. Der Grund ist, dass manche nicht willig sind, bis zu den Tiefen vorzudringen. Ihr Leben reicht nur bis zu den Taschen ihres Rocks. Wie vermögen sie also Worte von sonst irgendwoher zu nehmen? Aber warum sein Leben nur so kümmerlich aus einer Tasche heraus leben, statt es voll auszuschöpfen?«

Nur wenige vermochten es, ganz mit der Vorwärts-
eilenden Schritt zu halten. Ihr Geist erklomm Höhen, die
nicht alle erreichten. Deshalb kannte sie die Einsamkeit
und wusste sowohl um ihre Segnungen als um ihren Preis.
Florence musste gar manchmal umkehren und auf andere
warten, während sie vorwärts drängte. Das war ihrem
ungeduldigen und raschen Temperament eine Anfechtung. Sie wurde dann auch in der Diskussion leicht ungeduldig, zumal sie von Natur aus keinen Widerspruch
ertragen konnte. Aber sie lernte, ihre Ungeduld zu meistern und zu überwinden, und eben das machte auf andere
den stärksten Eindruck.

»Florence war, nehme ich an«, so schreibt jemand, der
sie kannte, »von Natur aus ungeduldig. Das gehörte
ebenso zu ihrem Temperament wie die Schnelligkeit ihrer
Bewegungen und die Feinfühligkeit, mit der sie Unlauter-
keit oder Unglücklichsein ihrer Umgebung auffing, ehe
jemand anders auch nur daran dachte. Sie strebte vorwärts, solange sie lebte, weiter hinein in eine Welt, die
Gott gehörte. Doch diejenigen, die dieses Drängen – ich
kann es nur göttliche Ungeduld nennen – in ihr spürten,
wissen auch, wie sie ohne Zögern auf solche warten
konnte, die bereit waren, denselben Weg zu gehen, nur so
viel langsamer. Keiner jedoch vermag wohl ganz zu
ermessen, was sie diese Disziplin des Wartens gekostet
haben muss.«

Florence lehnte jeden Versuch anderer, sie selbst oder
irgendeinen Menschen im Lichte der Vollkommenheit
erstrahlen zu lassen, radikal ab. Und doch muss gesagt
werden, dass die Echtheit ihrer Liebe zu Gott und dem
Menschenbruder ihrem Leben etwas ungewöhnlich Strah-
lendes verlieh. Und diese Liebe durfte etwas kosten!
Wenn sie im Unrecht war oder einen Fehler begangen
hatte, brachte sie die Sache sofort in Ordnung und

entschuldigte sich. Momentan aufflammende Ungeduld wurde schnell überwunden. Ein scharfer Beobachter, der sie – abgesehen von gelegentlicher Abwesenheit – täglich sah, sagte einmal: »Ich liebte in ihr einen Menschen, der ganz in der Heiligung stand und doch so menschlich-natürlich blieb.«

Der königliche Auftrag der Liebe (Joh. 13, 34 u. 35) leuchtete ihr nie heller und ununterbrochener als während der letzten zehn Jahre ihres Lebens. Durch welche inneren Kämpfe sie in ihrem Ringen um biblische Vollkommenheit ging, ließ sie selten erkennen. Aber wer sie kannte, wird zugeben, dass die vollen Töne des Vertrauens, der Überwindung und Freude nur deshalb so jubelnd über diesem Leben schwangen, weil die tiefen Akkorde der Beugung und echten Demut nicht fehlten.

»Als sie mir zum ersten Mal begegnete«, schreibt eine Schülerin, »beeindruckte, ja packte sie mich durch eine Fähigkeit, die ich am besten mit dem Wort Leben ausdrücke. Ich meine jene Art, die – der hell lodernden Flamme vergleichbar – so viel mehr als bloß moralisches Gutsein ist und in allen großen Heiligen glüht. «

Florence wunderte sich oft, warum es so wenige wirklich lebendige Menschen in der Welt gibt – »so viele nette, unterhaltende, sympathische Menschen, solche große Anzahl besiegter Menschen und so wenige, die überwinden und siegen.«

»Keine Lage ist unmöglich«, schreibt sie einmal. »Wenn du an unmögliche Situationen glaubst, hast du keine Botschaft der Errettung.« – »Was um alles in der Welt«, sagt sie in einer Ansprache, »haben alle Depressionen und so viel niedergetretene Schönheit mit Leuten zu tun, die der Menschheit eine frohe Botschaft verkünden sollen? Nur ein Geist, der sich durchrichten lässt, bis er tatsächlich frei ist, kann die gute Botschaft anderen weitersagen. Der

Anblick der mutlosen, besiegten Christen ist die wirklich verzweifelte Tragödie unserer Tage. Denken wir an die Anfänge der Kirche: Sie hatte keine Gebäude, keine feste Organisation, keine eigenen Vokabeln! Was sie besaß, war eine Gruppe von Menschen, die einem Ziele zustrebten, einer Berufung, die in keiner Weise von dieser Erde stammte. Berufung und Ziel, beide gehörten der himmlischen Welt an. Die junge Christenheit besaß ferner einen Reichtum gesunder Lehre über das Wirken des heiligen Geistes, sie kannte die Freude, weil Gottes Kraft am Werke war – kämpfend, siegend, wandelnd und umgestaltend, nicht einmal nur, sondern beständig, eine Kraft, die alles durchströmte, die Sinne, die Herzen, ja das ganze Leben, bis sie einer um den andern in die lichte Geborgenheit der Liebe gebracht waren.«

Christsein bedeutete für Florence nicht eine mühevolle Angleichung an einen Sittenkodex, sondern ein herrliches Erleben im Ringen um Wahrheit und Schönheit der Liebe.

»Ich glaube nicht«, schreibt sie einer Freundin, »dass du vorankommst durch das aufreibende Bestreben, immer besser zu werden, sondern du musst etwas den Winden preisgeben. Bete nicht darum, dass du besser wirst, sondern gelöster und leichter. Die Liebenden erreichen es.«

»Wenn wir es doch behielten, nicht das ermüdende, endlose Sterben, sondern das wahre und unumgängliche Gesetz des Lebens, dass jedes Mal aus dem Tode neue Schönheit geboren wird! Glaube das! Welche Gnade, dann zu sterben, eine Knospe mehr an unserem Baum des Lebens, der Liebe und der Schönheit! Du weißt, dass der Glaube es vermag. Ich sehe mich selbst in einer Zweiheit: eine schattenhafte, dunkle Figur, dahinschleichend und immer an allem Kleinen und Niedrigen und Deprimierenden hängen bleibend – und die andere, frei, gerade, hingegeben dem Wind und der Sonne, erlöst durch Jesus Christus. Die wähle ich immer wieder.«

»Sollten wir nicht in den Reihen der über Vierzigjährigen, obwohl die stürmisch vorwärts drängende Kraft naturgemäß nicht mehr vorhanden ist, viel öfter jene feinfühligen Geister finden, bei denen wir eine wachsende Gewissenhaftigkeit und Wachsamkeit, eine klare Intensität der Sicht und ein gelassenes Beherrschen der jeweiligen Situation wahrnehmen? Wenn sie wirklich gefunden haben, was der Herzpunkt jeder prophetischen Schau ist, was jede große Musik zu stammeln versucht: die gewaltige und zugleich einfache Offenbarung Gottes – dann bleiben ihre Sinne nicht mehr hängen am Sichtbaren, sondern ihr Leben ist auf einen tieferen Rhythmus gestimmt. Sie haben das Vertrauende eines dem Ziel zustrebenden Geistes.

Was immer das satanische Ding ist, das uns abhält von der geistlichen Schönheit, zu der wir berufen sind – das Schreckliche liegt in dieser listigen Gewalt, uns immer abwartend gerade am Rande zu halten, immer an der Grenze zu etwas Echterem, Wahrem.

Vielleicht verlange ich zu viel, aber Jesusnachfolge – echt, ganz bereit – ist für mich wirklich ein Gesang, nicht das stete Wühlen in der eigenen Sünde. Sünde bringt den Lobpreis zum Verstummen. Darum dürfen wir sie nicht dulden. Unvergebene Sünde bringt uns Leid, weil sie von Gott trennt, wir können sie nicht hineinmengen in das Loblied, das der Glaube anstimmt.«

In der letzten Aussprache, gab sie, schon den Keim ihrer Todeskrankheit in sich tragend, dem Glauben, der das Herzstück ihres Lebens war, folgenden Ausdruck: »Der Weg Jesus nach ist ein ernster Weg, aber jeder, der etwas davon erfahren hat, was es heißt, ›sein Leben verlieren, um es wiederzufinden‹, bezeugt uns, dass man, sobald das Herz und alle Sinne zum Gehorsam bereit sind, in eine neue und frische Welt eintritt, und dass im tiefsten Grunde unseres Wesens an Stelle der alten Unlust, der Schuldgefühle und der Lieblosigkeit Befriedigung herrscht, ein heller Schein über jedem Geschehen, ein großes und ruhevolles Gestilltsein.

Wenn Gott Liebe ist und wir dazu bestimmt sind zu lieben, ebenso wie die Sterne geschaffen sind, um zu scheinen, dann sehnt sich jedes Wesen nach dieser Absichtslosigkeit der Liebe. Sie ist Feuer und Energie des heiligen Geistes. Ihr Urbild tritt in Jesus Christus in unser Leben. ›Die Liebe, das ist der Mann am Kreuz.‹ Wenn wir nur wagten, uns ganz loszulassen in seine Hand, müsste unser Leben Liebe ausstrahlen.« Umgestaltet zu werden in sein Bild war das heiße Verlangen, das Florence' Leben in steter Bewegung erhielt.

Letzte Tage

Januar 1950. Grimmige Kälte herrschte, als der Umzug nach Coolham stattfand. Leer und kahl standen Flur und Garten. Niemand wusste, welche Pracht hervorbrechen würde. Das offenbarte der erste, unvergessliche Frühling. Jeder Tag brachte neue Überraschungen. Ein Mitglied von St. Julian's gibt uns einen kleinen Einblick:

»In der Morgenfrühe begann es, als Florence einen riesigen Büschel Schneeglöckchen hart am See entdeckte; die Sonne schien so hell, dass man die schimmernde Weiße erst sah, wenn man dicht davor stand. Dann brach es plötzlich vor einem auf, eine Offenbarung der Reinheit. Von jenem Tag an entfaltete der Garten eine Schönheit nach der andern, den ganzen lachenden Frühling hindurch. Orange- und purpurfarben säumten Krokusse den Pfad bis hin zum See. Sie wichen den klarblauen Sternen der Scilla und den goldenen Himmelsschlüsseln. Ein wenig später nur fügten sich schmucke Windröschen und strahlende Narzissen zum fröhlichen Kranz. Stolze Tulpen erglühten tiefer beim Kuss der Frühlingssonne, bis sie den blauen Glockenblumen den Weg freigeben mussten, die mit feinem Klingen das Lied von der Freude sangen. Obstgärten und Wiesen waren eine Offenbarung der Schönheit – duftig weiß die Kirschen, von zartrosa Blütenschleiern umwoben die Pfirsichbäumchen und die knorrigen Apfelstämme, flammend der ritterliche Rotdorn – ein langer, langer Traum voll unerhörter Lieblichkeit.

Nur ein Traum? War es nicht Spiegelbild einer ungleich größeren, bleibenden Herrlichkeit? In jenen Frühlingstagen sagte Florence oft: Wenn ich schon hier auf Erden alle diese Pracht sehe, nimmt es mir beinahe den Atem, wenn ich dran denke, wie wundervoll es bei ihm in seiner Herrlichkeit sein muss.«

Zurückschauend scheint es, als habe in der Schönheit jenes Frühlings Mahnung und Verheißung des ewigen Lebens gelegen, dem sie entgegenreifte.

Am 19. Mai hatte Florence eine durch juckenden Ausschlag verursachte schlaflose Nacht. Noch dachte niemand daran, dass es die letzte Krankheit werden könnte. An demselben Tag wurde sie zu einem Vortrag in Worcester erwartet. Da sie sich unwohl fühlte, wurde die Fahrt im Auto gemacht. Entgegen allen Befürchtungen konnte sie ihren Dienst in Worcester zu Ende führen, und die Auszüge aus diesem letzten Vortrag, die wir in früheren Kapiteln brachten, sind unbewusst ein Fazit ihres Lebens. Als Florence nach Haus kam, musste sie sich sofort legen, und ihr Zustand verschlimmerte sich rasch, so dass sie in der zweiten Juniwoche nach dem St.-Thomas-Hospital gebracht werden musste. Dort stellte der Spezialist die Diagnose auf Hodgkinson'sche Krankheit.

Ihre Freunde durften sie besuchen, und zwei derselben konnten sie bis zum Ende mit aller Sorgfalt der Liebe Tag und Nacht umgeben. Vertrauend, kindlich, gefügig war sie in diesen Schmerzenstagen. Sie selbst hatte öfters gesagt, dass der Charakter eines Menschen in Krankheitszeiten offenbar werde. Wie in gesunden Tagen, so blieb Florence Allshorn auch während ihrer Krankheit die Liebende – Gott und den von ihm ihr zugewiesenen Nächsten stand ihr Leben zur Verfügung bis zum Ende. Die beiden letzten Tage war sie bewusstlos, und am 3. Juli wurde sie schlummernd in die strahlende Gotteswelt geführt, die ihr schon ihr ganzes Leben hindurch beglückende Heimat und Wirklichkeit war.

Bischof Dr. M. Gresford Jones, der Sohn ihrer lebenslangen Freunde, hielt den Gottesdienst, zu dem sich die vielen Leidtragenden versammelt hatten, während der Bischof von Worcester als einer, der ihr immer wieder mit Rat und Tat beigestanden hatte, bei der Gedenkfeier sprach.

»In der Morgenfrühe«, heißt es in einem Brief, »erwiesen wir ihr den letzten Liebesdienst. Die Luft war voll vom Duft der Lindenblüten und des wilden Thymians, als wir auf jener Höhe standen, von der aus Florence so gerne ins Land geschaut hatte. Unermesslich weit dehnte sich nach der einen Seite die wogende See, während landeinwärts reifende Felder von kommender Ernte träumten. Noch lagen sie verhüllt unter den leichten Schleiern des Nebels, doch dann – ein Triumph des Lebens. Siegend flammte die Sonne empor, die Hülle riss, im segnenden Licht lagen Felder, Gärten und Farmen, die Hecken der wilden Rosen und die Straße, die in endlose Fernen zu führen schien. Voll Frische und Klarheit war die Luft, und der ganze Äther schien erfüllt vom Jubellied unzähliger Lerchen, die emporstiegen, höher und höher, ein schwaches Abbild nur des Gotteskindes, das berufen ist zu strahlenderen Höhen, da es das Loblied Gottes und seines Herrn Christus singt in nimmer endendem Leben.«

In einem ihrer zahlreichen Briefe hatte Florence einmal zitiert: »Nichts ist dem Sehnsuchtsfluge der wilden Schwäne gleich« – und fuhr fort: »denke daran, wenn kleinliches Geschwätz deinen Gang behindern will.«

Sie hat den Tod – weder den eigenen noch den ihrer Freunde – nie als etwas Tragisches betrachtet, sondern weil Christus Herr des ganzen Lebens ist, als ein Hineinschreiten in die Fülle der Freude, in letzte, tiefste Erfüllung und gottgewollte Vollendung unseres Seins.

Eine Freundin erzählt, wie sie an einem von Schönheit durchlichteten Maiabend zum letzten Mal zusammensaßen, und wie sie inmitten all der Glut des Lebens von Florence wissen wollte, ob sie auch jene »Vorahnung des dunklen Todestals« kenne, jene schweren Schatten, die die meisten unter uns zu Zeiten beunruhigen. Sie erhielt folgende Antwort: »Ich kann nie verstehen, weshalb ein Gotteskind sich vor dem Sterben fürchten sollte. Wenn ich in der Morgenfrühe hier in den Garten komme und die Freude an so viel Schönheit dieser Erde mir beinahe das Herz sprengt, und wenn ich mir dann klarmache, dass alles Irdische nur ein Schatten ist, ein blasser Abglanz von Gottes ewiger Herrlichkeit – dann regt sich in mir nur ein mächtiges Verlangen, mehr davon zu wissen und ganz darin zu leben.«

Gute Wünsche für heute und morgen

Michaela Sommerfeldt (Hrsg.)

Möge dein Weg dir freundlich entgegenkommen

48 Seiten. Fester Einband
Durchgehend vierfarbig illustriert
Bestell-Nummer 3-7655-6410-9

Ob wir auf einen längeren oder einen kürzeren Lebensabschnitt blicken – immer gilt: Was vor uns liegt, ist
unbekannt. Wir wünschen uns, dass unser Jahr oder
unser Tag mit Gutem gefüllt sein möge.
Mit guten Wünschen und guten Worten will dieses
Geschenkbuch Begleiter sein durch bewölkte und
stürmische Wegabschnitte ebenso wie durch die sonnigen
und heiteren.
Texte und Bilder bieten Besinnliches, Heiteres,
Nachdenkliches – ein kleiner Gruß, der sagt: Ich denke
an dich.

BRUNNEN VERLAG GIESSEN
www.brunnen-verlag.de

Eine Begegnung auf Borkum

Nicole Winkelhöfer

Tage unter weitem Himmel

112 Seiten. Fester Einband
Bestell-Nr. 3-7655-1687-2

Sommerurlaub auf der Norsee-Insel! Yvonne freut sich auf lange Strandspaziergänge mit der Freundin und auf stimmungsvolle Sonnenuntergänge am Meer. Einfach mal den Wind sich um die Nase pfeifen lassen und abschalten ...
Eines Tages begegnet sie Cilly, einer älteren Frau – und Yvonne weiß selbst nicht, warum sie so neugierig darauf ist, diese Frau näher kennen zu lernen. Nach einiger Zeit erfährt Yvonne mehr über sie. Dabei stellt sich heraus, dass Cilly mit einer ernsten Krankheit fertig werden muss – und auf bewundernswerte Weise dieses Schicksal meistert.
Am Ende der Ferien hat Yvonne nicht nur die Landschaft und den weiten Horizont genossen, sie hat auch eine neue Sicht für ihr Leben gewonnen.

BRUNNEN VERLAG GIESSEN
www.brunnen-verlag.de